IMPROVISATIONSTHEATER

Band 2: Schauspiel-Improvisation

IMPROVISATIONS-THEATER

Band 2: Schauspiel-Improvisation

DAN RICHTER

Theater der Zeit

Impressum

Dan Richter
www.danrichter.de

Herstellung:
PRINT GROUP Sp. z o.o.
ul. Księcia Witolda 7
71-063 Szczecin (Polen)

Verlag Theater der Zeit
Winsstraße 72,
10405 Berlin, Deutschland

Cover-Gestaltung: Laura Kötter
Foto des Autors: Matthias Fluhrer

ISBN 978-3-95749-422-1

Bibliografische Information der Deutschen Nationalbibliothek: Die Deutsche Nationalbibliothek verzeichnet diese Publikation in der Deutschen Nationalbibliografie; detaillierte bibliografische Daten sind im Internet über www.dnb.de abrufbar.

VORWORT

Dieses Buch widmet sich dem Kern des Improvisationstheaters – dem spontanen Schauspiel. Egal ob man kurze Games, lange Storys oder bunte Collagen bevorzugt, alles steht und fällt mit der spontanen Darstellung von Charakteren, der überzeugenden Pantomime, der glaubwürdigen Ausführung emotionaler Vorgänge.

Im Gegensatz zu geskriptetem Schauspiel in Theater und Film haben wir als Improvisations-Schauspieler keine Tage, Wochen und Monate, um uns auf das seelische Innenleben unserer Figuren vorzubereiten, wir können keine Handlungsabläufe einstudieren, wir können nicht die Wirkung zweier Charaktere aufeinander ausprobieren. Alles muss im Moment entstehen. Dabei kommt uns aber sehr entgegen, dass die Schauspielkunst selbst mit der Improvisation stark verbunden ist. John Wayne sagte einmal: „Die Leute denken, ich sei ein Action-Held, dabei bin ich eigentlich ein Reaction-Held." Das heißt, die Qualität der Schauspieler besteht darin, zu *reagieren*, und zwar auf das, was gerade im Moment geschieht.

Improvisiertes Schauspiel muss sich nicht um Gründe kümmern. Warum tut eine Person dies und jenes? Welche Motivation hat sie? Wie ist sie zu dem geworden, was sie ist? Diese Rätsel, die ein Schauspieler etwa im Method Acting beantworten soll, bevor er die Bühne betritt, können wir gern dem Publikum überlassen. Für Impro-Schauspieler ist die Freiheit, sich nicht um den Hintergrund der Figur zu kümmern oder sie intellektuell erfassen zu müssen, eine große Entlastung. Wir beobachten die von uns erschaffene Person mit derselben Neugierde wie das Publikum und fühlen uns auf dieselbe Weise bestätigt oder überrascht von ihren Handlungen.

In diesem Buch geht es zu einem großen Teil um universelle Schauspiel-Grundlagen. Es soll helfen, diese Grundlagen für die besonderen Erfordernisse des Improtheaters handhabbar zu machen.

Ein Buch ersetzt nicht das Training. Man wird kein guter Schauspieler allein durchs Lesen. Ich hoffe aber, dass diese Lektüre hilft, sich klassische und moderne Schauspieltechniken anzueignen, um anspruchsvoll improvisieren zu können und unsere Darstellung zu verfeinern.

Alle hier beschriebenen Übungen und Spiele sind sensibel und mit gegenseitiger Rücksichtnahme zu trainieren.

Nichts von dem, was in diesem Buch beschrieben wurde, ist unkritisch oder als Dogma aufzufassen. Denke selbst. Verwirf, was du nicht brauchen kannst. Nutze, was dir hilft.

INHALTSVERZEICHNIS

(Ein detailliertes Inhaltsverzeichnis findet sich am Ende des Buchs.)

1 EMOTIONEN

Was das Erleben eines Theater- oder Kino-Abends so besonders macht, ist oft nicht so sehr der Storyplot, sondern dass wir den emotionalen Veränderungen der Charaktere beiwohnen dürfen. Eine Szene berührt uns, wenn sich die beteiligten Figuren berühren lassen, egal ob sie in Lachen ausbrechen, ob sie entsetzt sind oder ihnen die Tränen der Rührung in den Augen stehen.

Emotionale Bewegung lässt die Szene für die Zuschauer lebendig und real werden. Sie lässt das Theater-Erlebnis zu einer nachhaltigen Erfahrung werden.

Wie aber kann man als Impro-Schauspieler Emotionen hervorzaubern und lebendig werden lassen? Wie kann man Gefühle in sich aufsteigen lassen, die vielleicht gar nicht die eigenen „wahren" Gefühle in diesem Moment sind? Und vor allem: Wie lässt sich das alles spontan aus der Situation heraus erzeugen?

1.1 Atem als Steuerungszentrale der Emotionen

Man erkennt Emotionen zwar äußerlich an ausdrucksvoller Mimik und Gestik. Erzeugt werden sie aber durch den Atem. Emotionale Mimik, die nicht mit dem Atem verbunden ist, wirkt hölzern, grotesk und unglaubwürdig. Man versuche einmal, für zehn Sekunden den Atem anzuhalten und dabei besonders wütend/fröhlich /angeekelt/erschreckt zu schauen oder zu gestikulieren. Es geht zwar irgendwie, aber das Schauspiel wirkt dann aufgesetzt und kraftlos.

Der Atem kommt zuerst, Gestik und Mimik folgen! Wenn man die emotionale Verbindung zum Atem hergestellt hat, braucht man sich um die Mimik im Prinzip nicht zu sorgen. Sie übernimmt ihre Aufgabe so selbstverständlich wie im realen Leben, wo wir uns schließlich auch keine Gedanken darüber machen, ob wir „richtig" gucken, wenn wir uns zum Beispiel ausgelassen freuen.

Die folgende Übung lässt sich allein oder in der Gruppe durchführen. Sie aktiviert den Atem und somit den Zugang zu unserem Gefühlssystem.

Übung Emotionen verstärken

Schließt die Augen und fokussiert auf den eigenen Atem, ohne ihn zu verstärken oder wesentlich zu verändern. Es geht zunächst nur um die Wahrnehmung.

Wählt eine Emotion und atmet in diese Emotion hinein.

Nach und nach wird die Intensität des Atems (und somit der Emotion) verstärkt.

Wenn wir glauben, hundert Prozent Intensität erreicht zu haben, setzen wir noch mal fünfzig Prozent obendrauf und „übertreiben".

Wir beruhigen den Atem wieder auf Normalniveau. Dann wählen wir uns eine neue Emotion.

Anmerkungen:

Die Übung ist körperlich und emotional sehr fordernd. Man sollte es nicht damit übertreiben. Fünf Emotionen reichen für Anfänger in der Regel schon aus.

„In die Emotion atmen“ mag vielleicht etwas esoterisch klingen, aber wenn man es ein paar Mal ausprobiert hat, ist klar, was gemeint ist.

Man halte sich zu Beginn der Übung an einfache Grund-Emotionen: Freude, Wut, Ekel, Angst, Gier, Traurigkeit.

Da die Gefahr des Hyperventilierens besteht, sollten Übende beim kleinsten Anzeichen von Schwindel sich hinsetzen oder in die Hocke gehen.

Um den Zugang zur Emotion so klar wie möglich zu finden, empfiehlt es sich, der Emotion eine konkrete Vorstellung zu geben, sich zum Beispiel bei „Gier“ das Lieblingsgericht vorzustellen, das sich im Raum befindet und bei jeder Emotionssteigerung näher kommt, ohne dass man es berühren dürfte.

1.2 Emotionen von innen nach außen ... und wieder nach innen

Wie wir gesehen haben, werden Emotionen nicht durch irgendwelche äußerlichen Grimassen oder Gesten erzeugt, sondern sie kommen von innen. Alles andere folgt. Das heißt nun nicht, dass Körper und Gesicht keine Rolle spielen. Im Gegenteil. Wenn wir auf den Atem fokussieren, sollte der Körper durchlässig bleiben. Bei einigen Spielern endet das Schauspiel in der Höhe der Hüfte, bei manchen gar in Höhe der Schulter. Atme bewusst in die unteren Teile deines Körpers! Lass deinen Körper für Atem und Emotion durchlässig werden. Du bist nicht nur mit Kopf, Armen und Brust wütend, sondern lässt das Gefühl weiterströmen – in deinen Bauch, in dein Becken, in deine Beine, in deine Füße.[1] Die Ganzkörperempfindung feuert zurück in unseren Geist und lässt uns die Emotion auch größer, voller empfinden. Haben wir in der Übung diese emotionale Fülle erreicht, in der wir den Körper regelrecht ausflippen lassen, können wir uns auch wieder zurücknehmen: Die Emotion wird nun sublimiert. Sie wird nach wie vor vom gesamten Körper empfunden, aber wir zügeln die körperlichen Reaktionen und Bewegungen. All die nach außen gehende Kraft der Emotion richtet sich nun nach innen. Für einen Betrachter wird die unter emotionaler Spannung stehende Person eine ganz außerordentliche Magie ausstrahlen. Die Emotion ist weiterhin sichtbar – als Spannung.

Wir haben es also, grob gesprochen, mit zwei Darstellungsformen der Emotion zu tun – der externalisierten und der internalisierten Emotion. Beides ist für uns auf der Bühne von großem Wert.

Externalisierte Emotionen reißen den Zuschauer mit, sie sind Explosionen, die uns in kürzester Zeit in einen anderen Zustand katapultieren. Man denke an die Angstschreie der sogenannten „Scream Queens" in Hollywoods Horrorfilmen oder an die legendären Ausbrüche von Al Pacino und Nicholas Cage. Die Figur wird von ihren Gefühlen mitgerissen. Im realen Leben kann man das wunderbar an Kleinkindern studieren, die wahre Gefühlsbomben sind. Jedes Lachen, jedes Weinen, jede Angst, jede Wut, jede Gier ist absolut. Es gibt für sie noch keine gesellschaftlichen Konventionen, die diese Absolutheit irgendwie zügeln könnten.

Internalisierte Emotionen hingegen erzeugen Spannungen. Diese Spannungen sind körperlicher als auch dramatischer Art. Wir halten im wirklichen Leben Emotionen zurück, weil es sich

---

[1] Auch aus diesem Grunde lohnt es sich, den Körper vor jeder Show aufzuwärmen und ihm ein ordentliches Durchschütteln zu gönnen.

nicht schickt, mit jeder inneren Regung gegenüber anderen herauszuplatzen, aber auch, weil wir lernen, mit unseren Gefühlen zu haushalten, um unser Denken nicht einzutrüben. Diese Spannungen bergen ein ungeheures szenisches Potential, sowohl komischer als auch dramatischer Natur.

Übung Emotionen verkörpern

Ein Spieler.

Eine Handlung (zum Beispiel Tischdecken) wird mit einer Grund-Emotion (zum Beispiel Einsamkeit) ausgeführt. Eine Information/Nachricht (zum Beispiel der Anruf des Geliebten) verändert die Emotion. Die Handlung wird nun in dieser neuen Emotion weitergeführt.

Die Emotion soll nicht nach außen hin fürs Publikum demonstriert werden. Vielmehr geht es um die Transformation zu innerlicher Empfindung. Die Spieler müssen das Vertrauen entwickeln, dass sich Spuren ihrer Emotion vom Publikum lesen lassen.

Game Widerstreitendes Außen und Innen

Zwei Spieler. A ist im Fokus dieses Emotions-Spiels. B ist lediglich Anspielpartner.

Zwei widersprechende Gefühle, zum Beispiel Angst/Vorfreude, Hunger/Zufriedenheit, Wut/Verliebtheit

Findet eine Ausgangssituation, in der A die positive Emotion nach außen zeigen soll, die negative aber innen spürt. Zum Beispiel ein Teenager, der vor seiner Freundin angeberisch vom 10-Meter-Turm springen will, aber große Angst hat. Oder ein Pärchen bei einem ersten Date, und sie versucht ihre Wut darüber, dass sie gerade ein Knöllchen bekommen hat, zu verbergen.

1.3 Empfinden und Spiel der Emotionen

Ein starkes emotionales Engagement ist vonnöten, um überhaupt in die Gefühlswelt tief eindringen zu können, um das Gespielte für uns selbst und das Publikum glaubhaft darzustellen.[2] Ein zu distanziertes bzw. ironisches Spiel lässt die emotionale Welt der Figur vielleicht noch andeutungsweise erkennen, aber als Zuschauer geht man nicht mit. Und doch brauchen wir eine *spielerische Distanz* zu unseren Gefühlen. Das heißt, wir dürfen von ihnen nicht so weit fortgetragen werden, dass wir keinen bewussten Zugang mehr zu ihnen haben.[3]

Als Improvisierer sind wir Marionettenspieler der von uns dargestellten Figuren. Selbst beim tiefsten Eintauchen in eine Figur und in ihre Emotionen müssen wir noch in der Lage sein, spielerisch mit dem Charakter und seinen Emotionen umzugehen und wahrzunehmen, was um uns herum geschieht, damit wir flexibel auf Angebote und Story-Verläufe reagieren können.

Die Emotionalität unseres Spiels birgt also eine Falle: Wenn wir zu tief in die Emotion eintauchen, kommt uns das Spielerische abhanden und wir verlieren uns in einem Gefühlsmeer, ohne flexibel genug zu sein für die Angebote unserer Mitspieler, für das Timing der Szene oder die Dynamik der Story.

Besonders problematisch ist das bei Emotionen, die den Impro-Tugenden widerstreben, wie zum Beispiel Gleichgültigkeit,

---

[2] Das Zürcher *Institute for the Performing Arts and Film* überprüfte in Zusammenarbeit mit dem *Institute for Neuropsychological Diagnostics and Imaging* per Hirnscans inwieweit Schauspieler beim Spielen tatsächlich Gefühle aktivieren. Das Ergebnis war positiv. Im Gegensatz zu Situationen, in denen sie beispielsweise nur den Text lasen und lernten, konnten sie im Hirnscanner, ohne sich zu bewegen und ohne zu sprechen, die Emotionen gezielt aktivieren.

[3] In einem krassen Fall betrat bei einer Open Stage Show von *Foxy Freestyle* ein höchst aufgeregter Spieler die Bühne, der, als er seine wütende Figur spielte, sich selbst kaum mehr im Griff hatte und dann nicht mehr nur spielerisch die Antagonistin, sondern tatsächlich nach einer Spielerin trat. Er musste dann von seinen Mitspielern „abgekühlt" und in die reale Welt zurückgebracht werden.

Hass, Irritation, Überlegenheit, Phlegma. Als Impro-Spieler müssen wir stets auf positive Impro-Emotionen zurückgreifen können, auch wenn die eigene Figur gerade anders drauf ist. Das heißt, wenn du jemanden spielst, der voller Zorn auf sein Gegenüber ist, brauchst du eine Extraportion Güte und Großmut, um ein inneres emotionales *Gegengewicht* herzustellen, um mit deinen Spielpartnern gütig und großmütig umzugehen.

1.4 Sich emotional berühren lassen

Sich verändern zu lassen ist eine der wichtigsten Impro-Tugenden.[4] Für die emotionale Ebene des Schauspielers bedeutet das: Lass dich emotional berühren!

Wie wichtig die affektive Elastizität für uns ist, sieht man, wenn sie fehlt: Die Figur eines Spielers, der sich überhaupt nicht von den Angeboten seiner Mitspieler berühren lässt, bleibt starr und uninteressant. Igeln sich gar beide Spieler ein, erstarrt die Szene in emotionaler Bedeutungslosigkeit.

Solch eine emotionale Starre hat auch mit der Angst vor dem Unbekannten zu tun, mit der Angst, die Kontrolle über das Ego zu verlieren. Und umgekehrt liegt für flexible Impro-Spieler gerade darin der Reiz: Sobald ich mich emotional verändere, beschreite ich unbekanntes Territorium. Ich bin im Moment des Entstehens. Vergangenheit, Gegenwart und Zukunft fließen zusammen in einen Prozess.

Um uns berühren zu lassen, brauchen wir offene Ohren und ein offenes Herz. Das heißt, wir müssen zuhören, was inhaltlich an Möglichkeiten angeboten wird, die nach emotionaler Berührung schreien und wir brauchen die *innere Bereitschaft*, in neue Emotionen einzutauchen. Man muss sich verletzlich machen und den emotionalen Panzer ablegen.

---

[4] Siehe ausführlich *Improvisationstheater. Band 1: Die Grundlagen*

Die innere Bereitschaft zur Veränderung kann nicht hoch genug geschätzt werden. Im Vergleich dazu ist der Inhalt, auf den wir emotional reagieren, beinahe irrelevant. Denn letztlich können wir jedem banalen Inhalt die gehörige Bedeutung geben, indem wir emotional scharf reagieren.

Wenn aber die emotionale Veränderung so entscheidend für die Qualität und die Tiefe einer Szene ist, wie genau gelangen wir dann von Emotion A zu Emotion B?

1.4.1 Verschiebung und Wechsel

Veränderung findet auf der emotionalen Ebene entweder sanft als Verschiebung oder als plötzlicher Wechsel statt.[5]

1. **Beim emotionalen Wechsel** wird quasi ein Schalter umgelegt. Wir springen beinahe übergangslos von einer Emotion in die andere.

Emotion A → Emotion B

Vier-„Emotionen-Felder“

Zwei Spieler

Die Bühne wird aufgeteilt in vier rechteckige Felder. Jedem Feld wird eine Emotion zugeordnet, zum Beispiel:

Scham	Verliebt
Freudige Ekstase	Misstrauen

Es muss immer diejenige Emotion eingenommen werden, auf deren Feld man sich gerade befindet.

[5] Auch Switch (Wechsel) und Shift (Verschiebung) genannt

Man sollte sich beim Wechsel auf einen anderen Quadranten nicht davon leiten lassen, welche Emotion gerade „passt". Vielmehr sollten die Bewegungen die Szene leiten. Diese Bewegungen können sachlich gerechtfertigt sein, zum Beispiel wenn ein Spieler zum Schrank geht, um diesem ein Buch zu entnehmen. Oder die Bewegung wird initiiert durch den letzten Satz des Mitspielers.

2. Die emotionale Verschiebung hingegen ist schleichend. Die Ausgangs-Emotion wird zunächst leicht irritiert und nach und nach geht man über zur anderen Emotion, bis diese dann voll ausbricht.

Emotion A →→→→→→→→→ Emotion B

Die Veränderung, also das allmähliche Hinüberdriften in eine andere Gefühlswelt und das Sich-Hineinsteigern in die neue Emotion, kommt im Improtheater manchmal etwas zu kurz.

Übung „Das heißt also"

Vorgegeben ist die Ausgangs-Emotion, die eher gedämpft angelegt werden sollte.

Ein Mitspieler bietet einen Satz mit mittlerem emotionalen Potential an, zum Beispiel: „Oh, sieh mal, ich hab zwanzig Euro gefunden."

Veränderung bedeutet, dass sich die Grund-Emotion nun allmählich verschiebt und dann in die neue hineinsteigert. Dies geht der Spieler Schritt für Schritt mit der Einleitung „Das heißt ..." an.

Im folgenden Beispiel steigert sich die leise Freude in absolute Begeisterung:

„Zwanzig Euro. Okay, das heißt also, dass du dir auf dem Weg zum Bewerbungsgespräch doch noch eine ordentliche Krawatte kaufen kannst. Da hast du ja noch mal Glück gehabt. Das heißt aber auch, dass, wenn du eine passende Krawatte findest, du den Job im Prinzip schon in der Tasche hast. Denn inhaltlich bist du ja top vorbereitet. Und du wirst die passende Krawatte finden, denn du hast ja einen super Kleidungsgeschmack. Und das heißt: Der Job ist deiner! Juhu! Das heißt, du wirst ein festes Gehalt haben. Und das heißt wiederum, wir werden uns ein Haus kaufen können und das heißt, wir werden Kinder haben."

In einer Variante des Spiels kann man die Emotion auf ihrem Höhepunkt in eine andere Emotion transformieren.

„ ... und das heißt, wir werden Kinder haben. Wir werden so viele Kinder machen, dass wir erst damit aufhören, wenn wir merken, dass es viel zu viele sind. Das heißt, es werden so viele sein, dass sie uns finanziell ruinieren. Und das heißt, dass wir im Alter in bitterer Armut leben müssen. Oh nein! Das darf nicht wahr werden! Bitte wirf diesen Zwanziger fort!"

1.4.2 Storytelling durch emotionale Veränderung

1.4.2.1 Emotionaler Wechsel – szenischer Wandel

Wir starten eine Szene in der Regel mit einer Plattform, die die Normalität der Szene etabliert.[6] Die erste relevante Information bringt den Status Quo ins Kippen.

Sie: „Henrik, ist alles vorbereitet?"

Er: „Ja, Schatz, der Partyservice hat gerade noch die Lachsbällchen gebracht."

Sie: „Doktor Schneider hat übrigens abgesagt."

Er (entsetzt und voller Angst): „Oh nein!"

Die ersten beiden Sätze definieren die Plattform: Ein Paar, das Gäste erwartet. Der dritte Satz lässt die emotionale Plattform kippen, aber erst dadurch, dass Henrik auf diesen Satz emotional verändert reagiert. Würde er diese Information nonchalant hinnehmen, wäre das Nicht-Erscheinen von Doktor Schneider ebenso Teil der Plattform wie die eben eingetroffenen Lachs-

[6] Siehe *Improvisationstheater. Band 3: Die Magie der Szene.*

bällchen. Beide emotionale Varianten sind zu diesem Zeitpunkt akzeptable Entscheidungen. Der entscheidende Punkt ist, dass die emotionale Kippe, die Story ins Laufen bringt. Als Zuschauer wollen wir im Moment des Kippens wissen, was genau es mit Doktor Schneider auf sich hat, dass Henrik dermaßen reagiert. Die Aufgabe der Mitspielerin wäre nun, diese Emotion zu befeuern, das Drama zu verschärfen, den Einsatz zu erhöhen.

Die emotionale Kippe bringt uns also aus der Routine A (Vorbereitung der Party) in eine neue Routine B, deren Verlauf wir zu diesem Zeitpunkt noch nicht kennen, die aber alle möglichen Verläufe annehmen kann – ein Streit zwischen dem Paar, Verzweiflung Henriks, da nun der Grund der Party nicht mehr gegeben ist, Selbstzweifel Henriks, da der von Schneider eine Beförderung erwartet hatte.

Was immer auch die neue Ebene ist, sie wird nun weitergespielt, bis sich das szenische Setting abermals emotional gewandelt hat.

1.4.2.2 Emotionale Verschiebungen

Wir können emotionale Verschiebungen auch als Verstärkungen begreifen. Die Szene wird quasi emotional „aufgepumpt“. Schauen wir uns noch mal die Lachsbällchen-Szene an.

> **Sie:** „Henrik, ist alles vorbereitet?“
>
> **Er:** „Ja, Schatz, der Partyservice hat gerade noch die Lachsbällchen gebracht.“
>
> **Sie:** „Doktor Schneider hat übrigens abgesagt.“
>
> **Er:** *(enttäuscht)* „Oh nein!“
>
> **Sie:** „Außerdem haben auch Robert, Isabell, die Weiermanns, Cornelius und seine Tochter, Frieda und deine Kollegen aus der Planungsabteilung auf dem AB abgesagt.“
>
> **Er:** „Was? Aber warum denn?“
>
> **Sie:** „Und deine Mutter auch.“

Er: „Mutter auch??"

Sie: „Ja."

Er: „Aber dann sind wir ja mit Marcel nur zu dritt."

Sie: „Das hab ich vergessen, Marcel kann auch nicht."

Er: „Nein! Das heißt, wir sind dann zu zweit?"

Sie: „Ehrlich gesagt, habe ich heute überhaupt keine Lust, mit dir zu feiern ..."

Dieser Teil der Szene ist im Grunde nichts weiter als ein Game: Die beiden Spieler haben ihr Thema gefunden und blasen den emotionalen Ballon auf. Die Frage ist dann immer, wie weit kann man es treiben. Mit dem letzten Satz (die eigene Ehefrau sagt ab) ist klar, dass das Spiel im Grunde vorbei ist.[7] Jetzt gibt es folgende Möglichkeiten:

Entweder ist durch die Pointe auch die Szene vorbei.

Oder es ist eine Erklärung/Rechtfertigung fällig, die einen emotionalen Wechsel auslöst. Darauf kann nun ein neues Spiel aufgebaut werden, bis zum nächsten Wechsel usw.

1.4.3 Emotionale Angemessenheit

Kein Satz erfordert per se eine bestimmte emotionale Reaktion. Im Spiel „Es ist Dienstag" wird genau das trainiert: Ein halbwegs neutraler Satz des Mitspielers wird in der Antwort emotional zu einer positiven oder negativen Sensation aufgeblasen.[8] Dasselbe lässt sich aber auch mit scheinbar eindeutig konnotierten Sätzen üben, zum Beispiel mit einem negativen Angebot, auf das positiv reagiert wird:

---

[7] Durch die Absage der eigenen Frau berühren wir bereits die Grenze des Absurden. Aber man kann jetzt natürlich noch radikal weiter denken: Es sagen auch noch Fremde ab, die gar nicht eingeladen sind. Es sagen Leute für künftige Partys ab, die noch gar nicht geplant sind. Unbekannte Anrufer sagen auch schon mal vorsorglich für ihre noch nicht geborenen Kinder ab.

[8] *Keith Johnstone: „Theaterspiele"*

„Wir haben letzte Nacht deinen Bruder getötet."

„Jaaa! Endlich! Ich liebe dich, Prince Edward! Somit ist der letzte Mann, der zwischen mir und dem Thron stand, aus dem Weg geräumt. Ich werde Königin! Königin von Englaaaand!"

Auch wenn dieses Spiel zeigt, dass prinzipiell jede emotionale Reaktion auf ein Angebot denkbar ist,[9] so heißt Improtheater ja nicht, dass man willkürlich alles aufeinanderstapeln sollte, nur um der Originalität willen. Die Leitfrage ist daher: Was braucht die Szene?

Auf der emotionalen Ebene bedeutet das: Es gibt ein Spektrum bestimmter Reaktionen, die die Szene vorantreiben. In der Beispiel-Szene mag die Reaktion auf die Tötung des Bruders zwar für einige Zuschauer unerwartet sein, aber die fügt sich dennoch in die Düsternis der Botschaft ein, eben dadurch, dass sich die Empfängerin auf die Seite der Düsternis schlägt.

Indem wir die emotionale Vielfalt von Reaktionen und Szenen trainieren, gelingt es uns immer stärker, einerseits die Möglichkeiten zu erweitern und andererseits den Kreis der Wahrscheinlichkeit zu erkennen.[10]

---

[9] Es funktioniert auch umgekehrt, wenn auf ein positives Angebot negativ reagiert wird: „Schatz, wir haben eine halbe Million im Lotto gewonnen." „Verflucht! Verflucht sei das Geld, das immer zwischen dir und mir steht. Glaubst du, dieser schnöde Mammon könnte eine Ehe veredeln, die vor Jahren schon vor die Hunde gegangen ist? Du glaubst, nun seien unsere Probleme geklärt. Dabei haben sie noch nicht einmal begonnen!"

[10] Der Kreis der Wahrscheinlichkeit *(„circle of probability")* ist ein Konzept von Keith Johnstone. Damit ist gemeint, dass in einer fiktive Welt oder einer Story bestimmte Wendungen vom Zuschauer als konsistent wahrgenommen werden.
Wenn also zum Beispiel bei Harry Potter plötzlich beißende Türknäufe auftauchen, nehmen wir das als überraschend aber konsistent wahr, da wir in die Zauberwelt eingeführt wurden. Das Erscheinen von Außerirdischen oder von Gott würde aber diesen Rahmen sprengen.
Siehe auch *Improvisationstheater. Band 5: Storys improvisieren*

2 PANTOMIME

2.1 Möglichkeiten und Konventionen der Pantomime

Die klassische Pantomime hat im 20. Jahrhundert einen Stil perfektioniert, der auf den größtmöglichen Effekt zielt: Als Zuschauer erkennen und „sehen" wir sofort die Objekte, die Räume und die Emotionen. Das alles geschieht aber häufig auf Kosten des Realismus. Die Gesten des klassischen Pantomimen wirken meist überzogen und unnatürlich. Oder anders gesagt: Sie sind „pantomimenhaft". Seine Mimik ist die Mimik der Clowns: Das Lachen ist zu groß, der Ärger bleibt äußerlich. Die gemimte Wand, die Rose, der Luftballon sind zu Pantomime-Klischees geronnen.

Und doch müssen wir uns bei der Kunst der Pantomime bedienen, und zwar schon allein aus dem Grund, weil 99 Prozent aller Impro-Spieler ihre Räume und Requisiten spontan pantomimisch selber erschaffen müssen. Wir müssen den Mittelweg finden zwischen Realismus und der absurd-überbetonten Pantomime, die auf sich selbst verweist. Wir brauchen eine Darstellung, die mit realistischen Andeutungen arbeitet.

Wir müssen uns also mit den Konventionen der Pantomime vertraut machen. Wenn Anfänger zum Beispiel versuchen, einen gemimten Gegenstand, sagen wir ein Glas, hochzuheben und dann wieder abzustellen, wirkt es für den Zuschauer oft so, als hielte der Spieler das Glas noch in der Hand. Um den visuellen Effekt zu erzielen, wir stellten das Glas ab, müssen wir die Finger bewusst vom gemimten Objekt lösen, also eine etwas übertriebene Bewegung machen, die wir so im Alltag nicht tun würden.

Wenn das Glas-Anheben und Glas-Abstellen noch recht nahe an den realen Vorgängen angelehnt ist, so verlangen andere gemimte Handlungen eine größere Abstraktion. Wie will man etwa „realistisch mimend" eine Treppen hinaufgehen? Schon allein dadurch, dass wir uns nicht wirklich aufwärts bewegen und unsere Füße immer wieder auf dem Boden landen, müssen wir zu pantomimischen Hilfsmitteln greifen.

Für alle im Folgenden geschilderten Pantomime-Übungen gilt: Du kannst zwar allein trainieren, aber lass dich immer wieder beim Mimen beobachten und hole dir Feedback. Ein Spiegel kann hilfreich sein, genügt aber nicht. Die Pantomime muss vor allem *nach außen* wirksam sein. Erkennt der Zuschauer den Gegenstand? Wird das Gewicht deutlich? Verschwindet der Gegenstand oder können die Zuschauer ihn „sehen"?

2.1.1 Der Toc

Den Toc kann man sich als Körper-Staccato vorstellen: Das abrupte Ende einer Bewegung. Sinnfällig sehen wir den Toc bei Pantomimen, die „Die Glaswand" anspielen: Der Pantomime hebt die Hand und führt sie nach vorn: Toc! Die Bewegung wird jäh gestoppt.

Wir brauchen den Toc, um den physischen Widerstand eines gemimten Gegenstandes darzustellen.

Toc-Übungen

Mime, einen einfachen Gegenstand in die Hand zu nehmen: Ein Glas, einen Apfel, ein Buch. Hauptaugenmerk ist der Toc. Beachte das Volumen und die Form des Gegenstandes.

Mime, einen größeren Gegenstand mit beiden Händen zu greifen und hochzuheben: Einen großen Topf, ein Brett, ein Seil. Greife einmal mit beiden Händen gleichzeitig zu und einmal nacheinander. Achte jeweils auf den Toc.

Mime, einen Gegenstand, zum Beispiel eine Tasse, von einem Ort zu nehmen und an einem anderen Ort wieder abzustellen. Beachte die Serie von verschieden intensiven Tocs: Das Greifen, das Anheben, das Abstellen und das Wiederloslassen der Tasse. Lege besonderes Augenmerk auf das Loslassen: Wirkt es womöglich so, als ob die Tasse noch in deiner Hand ist?

2.1.2 Die Dicke und das Ausmaß von Gegenständen

Wenn wir eine gewöhnliche Flasche greifen, umschließt unsere Hand sie und hält sie fest. Die Flasche bietet unserer Hand Widerstand. Eine gemimte Flasche tut das nicht. Und deshalb neigt unsere Hand dazu, fest zuzugreifen, bis sie zur Faust wird. Die gemimte Flasche verliert dadurch aber ihr Volumen. Nach außen wirkt es so, als hätte der Schauspieler nur noch eine Salzstange in der Hand. Dasselbe gilt für Lenkräder, Gläser, Messer, Koffergriffe, Türklinken, um nur einige Gegenstände zu nennen, die auf Impro-Bühnen regelmäßig verdünnisiert werden. Selbst bei extrem dünnen gemimten Gegenständen wie Zigaretten oder Zeitungen sollte die Dicke mitgespielt werden.

Eine weitere Schwierigkeit haben wir bei großen Objekten, die wir gar nicht komplett in die Hand nehmen können – ein Auto, einen Schreibtisch, ein ausgerolltes Seil. Wie wollen wir hier das Ausmaß der Objekte darstellen? Die gute Nachricht ist: Oft ist es gar nicht nötig, zu zeigen, wie groß ein großer Gegenstand ist. Wenn man zum Beispiel mimt, ein Auto zu fahren, ist pantomimisch meistens eher das Innere des Fahrzeugs interessant, also Lenkrad, Gangschaltung, Sicherheitsgurt usw. Dennoch sollte man eine ungefähre Vorstellung vom Raum und den Objekten haben. Es kann daher nicht schaden, sich improvisierend darüber klar zu werden, ob man in einem Kleinwagen oder einer Limousine sitzt. Auch wenn das für die Story vielleicht unerheblich ist, wird ein sensibler Spieler ganz automatisch seine Ich-fahre-Auto-Pantomime anpassen, was wiederum eine Außenwirkung hat. Wenn man aus dem Auto aussteigt, um etwas aus dem Kofferraum zu holen, wird das Ausmaß des Wagens schon bedeutsam. Man definiert es quasi durch meinen ganzen Körper: Man geht um den Wagen herum. Wenn man dann noch das Dach definiert, in dem man eine Wasserflasche darauf abstellt oder auch nur einfach mit der Hand drauf trommelt, wird auch die Höhe des Wagens klar.

Stellen wir uns vor, wir breiten ein großes Tischtuch auf einem Tisch aus. Wir können sowohl Tisch als auch Tuch in ihrer Größe definieren mit einem einzigen Mittel: *Unserem Blick.* Der Blick folgt dem Ende des mimisch geworfenen Tuchs, und damit ist schon alles klar. Dieser Effekt wird von vielen Impro-Spielern unterschätzt. Er ist überaus wirksam und spart auch Zeit, denn wenn du auf diese Weise die Größe etabliert hast, brauchst du ja nicht mehr um den Tisch herumzulaufen.

Auch hier gilt das Effizienz-Prinzip: Je knapper und natürlicher die Geste ist, mit der der Gegenstand etabliert wird, umso eleganter.

2.1.3 Die Konsistenz von Gegenständen

Wie beißt du in einen Apfel? Und wie in einen tropfenden Pfirsich? Wie legst du dir ein Brett über die Schulter und wie ein feuchtes Handtuch? Wie ziehst du dir einen Schlabberpullover über und wie ein enges Trikot?

Impro-Spieler setzen sich oft einen gemimten Zylinder genauso auf wie eine Bommelmütze. Rein körperlich ist das Konsistenz-Spielen gar nicht mal so anstrengend oder kompliziert. Das Einzige, was wir wirklich brauchen, ist unsere Vorstellungskraft und die Freude, diese Aspekte einzusetzen. Hier eine kleine Übung, die völlig simpel ist, aber glücklich macht:

Konsistenz-Pantomime

Die Gruppe steht im Kreis. Nacheinander mimt jeder, ein Obst zu essen, inklusive schälen, schneiden oder öffnen. Fokus ist die Konsistenz. Wie stark müsst ihr zubeißen, wie saftig ist die Frucht, wie vorsichtig müsst ihr mit ihr umgehen?

2.1.4 Das Gewicht von Gegenständen

Wenn du auf der Bühne einen gemimten Gegenstand aufhebst, sollte stets deutlich werden, wie schwer er eigentlich ist. Das erfordert einen gewissen körperlichen Aufwand und auch ein ordentliches Training. Dieser Aufwand lohnt sich aber, denn was man zeigen kann, darüber muss man nicht sprechen.

Zwei Bergwanderer

Nach einer Weile stellen sie ihre gemimten Rucksäcke ab:

„Oh Mann, bin ich fertig, gut, dass hier ein Rastplatz ist."

„Ich auch. Diese Rucksäcke sind aber auch verdammt schwer."

Dazu als Gegensatz

Wir *sehen*, wie die beiden Wanderer sich mit ihren Rucksäcken abmühen, sie schließlich abstellen und dann schwer atmend sagen:
„Von hier aus haben wir ganz Oberpiplingen im Blick."

„Keiner wird vermuten, dass wir es waren, die die Lawine ausgelöst haben."

Im zweiten Dialog kommen wir sozusagen gleich zum Kern der Szene. Sie wird komplexer, denn wir halten uns gar nicht erst mit der Erklärung des Gemimten auf. Gute Pantomime ist also immer auch eine Frage der szenischen Effizienz.

Wie aber lernt man, Gewicht zu mimen? Die Schwierigkeit besteht zuerst einmal darin, dass wir keine Gegenkraft haben: Es wirkt ja keine wirkliche Schwerkraft auf das gemimte Objekt oder unsere Arme. Umso mehr müssen wir als Pantomimen physische Kraft aufbringen. Um die körperliche Anstrengung kommen wir nicht herum.

Gewichts-Pantomime-Übungen

Stell dich mit einem Partner Fuß an Fuß gegenüber. Gebt euch die Hände und haltet gut fest. Dann zieht nach und nach mit zunehmender Kraft. Bleibt dabei im Gleichgewicht. Spürt die ganze Kraft.
Als Nächstes haltet die geöffneten Handflächen der rechten Hände aneinander. „Zieht" noch einmal, ohne die Handflächen voneinander zu lassen. Spürt die andere Art der Kraft, die ihr aufbringen müsst. Wahrscheinlich habt ihr euch beim zweiten Mal sogar mehr anstrengen müssen, da ihr keine Gegenkraft hattet. Dieses Fehlen der Gegenkraft muss unser Körper kompensieren.

Spiele mit deinem Partner **Tauziehen**. Achtet darauf, dass das Tau kein Gummiseil ist, das seine Länge verändern kann. Wenn einer nachgibt, muss der andere entsprechend an Raum gewinnen und umgekehrt.

Hebe einen mittelschweren Koffer an und trage ihn einmal quer über die Bühne. Achte dabei auch auf den Toc beim Anheben und Abstellen und auf das Volumen des Griffs. Wiederhole die Übung und variiere dabei das Gewicht des Koffers. Je schwerer der Koffer ist, umso mehr lehnt sich der

Hebende zur anderen Seite und streckt auch den unbelasteten Arm vom Körper fort.
Lass dir Feedback von deinem Mitspieler geben.

Trage mit deinem Partner gemeinsam einen gemimten Tisch quer über die Bühne. Achtet dabei auch auf den Toc und das Volumen. Das Ausmaß des Tisches sollte sich nicht verändern.

Trage gemimte leichte Gegenstände: Eine Tasse Tee, ein Buch, eine Flöte. Achte wieder auf den Toc und das Volumen. Auch diese Gegenstände haben ein Gewicht, und wenn es nur wenige Gramm sind.

2.1.5 Gegenstände in Bewegung

Bei einem bewegten Gegenstand, zum Beispiel einem fliegenden Tennisball oder einem fahrenden Auto, sollte der Blick möglichst präzise sein. Der Blick kommuniziert Geschwindigkeit und Distanz. Wenn ein Auto in Schritttempo unmittelbar vor uns vorbeifährt, werden wir ziemlich schnell den Kopf von links nach rechts wenden, wenn wir ihm folgen. Fährt er mit 50 km/h, wird es eine fast reißende Kopfbewegung sein. Stellen wir uns nun vor, das Auto fährt 100 km/h, aber die Straße verläuft nicht unmittelbar vor uns, sondern in einer Distanz von hundert Meter. Unser Kopf wird dem Auto nun recht langsam folgen.

Pantomimische Blickübungen

(Da einige der folgenden Übungen recht schwer in ihrer Verfeinerung sind, kann man ruhig langsam von der vergrößerten clownesken Pantomime zur verfeinerten kleinen Darstellung übergehen.)

Beobachte mimisch eine Feuerwehr, die sich von fern nähert und in hohem Tempo direkt an dir vorbei fährt.

Beobachte mimisch ein Tennisspiel als Zuschauer.

Beobachte mimisch eine Stubenfliege, die manchmal in langen Bahnen, dann wieder im Zickzack durch den Raum fliegt. Und jetzt einen Schmetterling.

Beobachte mimisch einen aus großer Höhe fallenden Gegenstand.

Lies pantomimisch.

Für Könner: Wenn man aus einem fahrenden Zug schaut, „springen" die Augen. Wenn du das mimisch draufhast, kannst du dich zu den Virtuosen der Blick-Pantomime zählen.

2.1.6 Andere Personen pantomimisch etablieren

In der Regel haben wir es im Improtheater nicht nötig, andere Personen pantomimisch zu etablieren. Es gibt aber Ausnahmen.

2.1.6.1 Öffentliche Reden

Wenn man einen Redner vor einer großen Gruppe spielt (Parlament, Dorf, Vorstand usw.), kann man leicht die vorhandene große Gruppe, nämlich das Publikum, nutzen. Der pantomimische Aufwand ist minimal. Man wird allenfalls durch den Blick das Publikum größer oder kleiner machen als es tatsächlich ist.

2.1.6.2 Gezielter Semilog

Ein Semilog ist ein Dialog, bei dem der Partner unsichtbar bleibt. So wie wenn wir Zeuge eines Telefonats werden, hören wir beim Semilog nur eine Seite des Dialogs, sozusagen einen halbierten Dialog. Das ist sinnvoll, wenn es auf die zweite Seite nicht ankommt bzw. wenn ihre Rede indirekt durch die Reaktionen des Spielers erkennbar wird.

Zur Technik: Der Semilog-Partner wird meist vom Spieler frontal angesprochen, so als sei er im Publikum. Entscheidend ist hier der Blick: Habe eine klare Blickrichtung. Der Semilog-Partner steht an einer bestimmten Stelle und nicht irgendwo mal hier und mal da im Publikum. Wenn er sich bewegt, folgen ihm deine Augen. Für die Sätze des imaginären Partners solltest du Pausen lassen. Die (unhörbaren) Dialogzeilen deines Partners *verändern dich* emotional. Nur so wird der Semilog lebendig.

Jonathan verspricht seiner Frau, sich endlich eine Arbeit in seinem Beruf als Koch zu suchen. Wir sehen ihn nun bei verschiedenen Bewerbungsgesprächen im Semilog, denn die Personalchefs selber sind nicht wirklich wichtig.

Szene 1)

Jonathan. Angestrengt „selbstsicher".

„Ja, selbstverständlich. Drei Jahre hab ich im Adlon gekocht, dann vier Jahre im Friedrich Franz, anderthalb Jahre in Paris und ...,

„..."

„Meine Spezialität? Französisch-japanisches Crossover, Meeresfrüchte versus français classique."

„..."

„Achso?"

Szene 2)

Jonathan leicht verunsichert.

„Ja, selbstverständlich. Ich habe ein Jahr in der Schnitzel-Bar in Cottbus gearbeitet. Und dann ..."

„..."

„Ja, selbstverständlich kann ich auch Kartoffelbrei ..."

„..."

„Achso?"

Szene 3)

Jonathan unterwürfig.

„Ja, ich weiß. Ja, die Ausbildung hab ich abgebrochen. Aber ich hab mal drei Monate bei Burger King gejobbt."

„..."

„Ja, klar. Kein Problem."

Anders als bei der öffentlichen Rede *verändert* sich der Spieler durch die imaginierte Reaktion seines Gegenübers.

2.1.6.3 Es sind nicht genügend Spieler vorhanden

Besonders in sehr kleinen Ensembles benötigt man manchmal eine zusätzliche Figur, die aber nicht durch einen zusätzlichen Spieler dargestellt werden kann. Ganz augenfällig wird das in Solo-Shows, in denen ein Spieler sämtliche Charaktere darstellt. Aber auch wenn man zu dritt auf der Bühne steht, kann es vorkommen, dass man ganz dringend eine weitere Figur benötigt. Es gibt nun prinzipiell zwei Möglichkeiten: Entweder wir spielen diese Personen wie im Semilog an, ohne dass wir ihre Dialogzeilen hören. Oder ein Spieler übernimmt eine Doppelrolle.

Wenn wir die imaginäre Person wie im Semilog anspielen, gelten die Semilog-Regeln: Vor allem der Blick etabliert die angespielte unsichtbare Person. Das heißt, indem du ihr in die Augen schaust, verdeutlichst du ihre genaue Position im Raum: Sitzt, steht oder liegt sie?

Reagiere emotional auf das imaginär Gehörte. Im Gegensatz zum einfachen Semilog haben wir hier aber noch die Möglichkeit der körperlichen Interaktion. Wir können also pantomimisch im engeren Sinne des Wortes werden: Der imaginären Person die Hand auf die Schulter legen, die Hand schütteln, physisch von ihr bedroht werden, überhaupt Status nutzen, zärtlich oder gewalttätig werden.

Spielt man die überzählige Person selbst, springt man praktisch nach jeder Dialogzeile in die Rolle des Gegenübers und antwortet selbst. Man sei sich dabei sehr sicher, wo die beiden

Figuren stehen und – wie in jeder Pantomime – verfalle man nicht in Hektik.

2.1.6.4 Distanz des Spielpartners

Eure Bühne ist sieben Meter breit, aber ihr wollt eine Distanz von fünfzig Metern etablieren. Ihr könntet euch nun an den linken und rechten äußersten Bühnenrand stellen und versuchen, vor allem durch die Stimme die Distanz zu markieren, etwa indem ihr einfach laut ruft, wie man es bei Kommunikation in dieser Entfernung eben tut, statt normal zu sprechen. Es gibt aber noch eine Variante: *Beide* Spieler schauen Richtung Publikum und richten den Blick in die Ferne. Diese Variante verlangt etwas mehr Abstraktionsvermögen durch das Publikum, aber man sollte seine Zuschauer nicht unterschätzen.

Die *Höhendistanz zwischen zwei Figuren* darzustellen, ist eine pantomimisch etwas gewöhnungsbedürftige aber häufige und letztlich gar nicht so schwierige Aufgabe. Man muss lediglich den Impuls überwinden, dem Spielpartner in die Augen zu schauen, wenn dieser mit einem spricht. Die Regel lautet: Wer oben steht schaut hinunter, wer unten steht, schaut hinauf. Der Effekt ist einfach, und wird auch von ungeübten Zuschauern ziemlich leicht verstanden.

Wir brauchen diese Art von Darstellung, zum Beispiel wenn eine der Figuren:

- auf einem Pferd sitzt
- von oben aus einem Fenster hinabschaut,
- beim Bergsteigen zur anderen Person hinab- oder hinaufschaut,
- auf eine Leiter steigt usw.

Wenn ihr in physischen Kontakt geht, zum Beispiel wenn einer dem anderen beim Bergsteigen die Hand reicht, gilt das gleiche Kontaktverbot: Ihr reicht euch nicht wirklich die Hand, sondern mimt, eine Hand zu greifen. Erst wenn ihr auf gleicher Höhe seid, reicht ihr euch die Hand.

Übungen zu Distanzen

Etabliere nur mit Blicken links von dir eine imaginäre Person auf der Bühne. Wird durch den Blick deutlich, in welchem Abstand sie sich befindet?

Eine imaginäre Person sitzt auf einem Stuhl neben dir. Sprich mit ihr in einem Semilog. Reagiere emotional und per Status auf sie. Achte dabei besonders auf die Blicke. Sind durch deine Blicke ihre Reaktionsweisen erkennbar?

Übt zu zweit verschiedene Höhenunterschiede, zum Beispiel indem einer dem anderen „aus dem Fenster" etwas zuruft oder zuwirft. Die Höhe selbst wird verbal nie thematisiert. Vergleicht anschließend, ob ihr dieselbe Höhe angespielt habt.

2.1.7 Kräfte

Im Grunde haben wir es bei jeder physischen Pantomime (also bei der, die über den Einsatz von Blicken hinausgeht) mit Kräften zu tun. Entweder üben wir Kraft auf einen imaginären Gegenstand aus oder die Kraft wird auf uns ausgeübt.

Bei der Darstellung von Kräften, die auf unseren Körper einwirken, müssen wir stets auch die eigene Kraft einsetzen. Wenn wir uns also vorstellen, wir werden an einem Seil gezogen, dass um unseren Bauch gebunden ist, so genügt es nicht, den Bauch nach vorn zu strecken, wir müssen die Gegenkraft darstellen, eine Erfahrung, die wir schon bei der Koffer-Übung gemacht haben.

Kräfteeinwirkungen sind durchaus unterschiedlich: Wir können gezogen oder gestoßen werden. Die Kraft kann allmählich oder plötzlich einwirken. Sie kann auf den ganzen Körper oder auf einen Körperteil einwirken.

Pantomime-Übungen Krafteinwirkung

Spiele alleine gemimtes Tauziehen. Wo wirkt die Kraft? Wie wird man plötzlich und wie allmählich gezogen? Lass dich von außen dabei von einem Kollegen oder Freund coachen. Achtet auf die Füße, die Hüfte und den Oberkörper.

Laufe gegen Wind. Der Wind wird dabei immer kräftiger. Wie stemmt man sich dagegen? Wie ist es, wenn der Wind von der Seite kommt?

Stoße dich „versehentlich" an verschiedenen imaginären Gegenständen: An einem Stein, einer Glastür, einer zu niedrigen Zimmerdecke. Sei dabei klar und spezifisch.

Werde getroffen: Von einer imaginären Ohrfeige, einem Papierkügelchen, einer Pistolenkugel, einem Stein, einer Peitsche, einer Eimerladung Wasser.

Werde zart berührt: Von leichtem Wind, einer streichelnden Hand, einem Nieselregen.

2.2 Präzision und Spezifizität

Man bitte einen Impro-Spieler zu mimen, auf einer Computer-Tastatur zu schreiben. Das Ergebnis wird oft unrealistisch und verklappert aussehen. Wenn man ihn dagegen bittet, sich konkret einen Text vorzustellen, der zu schreiben ist, dann sehen wir eine ziemlich realistische Darstellung des Tastatur-Schreibens.

Dieses Phänomen können wir bei jeder etwas verfeinerten pantomimischen Darstellung erkennen – handschriftlich schreiben, ein Musikinstrument spielen, Autofahren. Man braucht nur einen winzigen Moment innezuhalten, um sich die Details dessen, was man ohnehin oft tut, ins Gedächtnis zu rufen.

Ein Einwand lautet: „So genau muss das doch alles nicht sein; es genügt doch, wenn die Zuschauer ungefähr erkennen können, was gemeint ist." Das stimmt zu einem gewissen Teil: Als Improvisierer müssen wir uns oft mit Andeutungen begnügen. Wir haben nicht die Zeit, eine Pantomime-Nummer einzustudieren, sondern wir müssen sofort agieren. Und das Ergebnis kann dann tatsächlich eine Skizze sein. Andererseits ist es nicht zu viel verlangt, sich auf die pantomimische Arbeit zu konzentrieren. Schließlich ist Schauspiel unser Handwerk. Und für die Zuschauer ist eine gelungene Pantomime immer ein Genuss. Dagegen ist eine unwillig hingeklatschte Pantomime manchmal ein regelrechtes Ärgernis: Hat er jetzt vom Tisch eine Flasche genommen oder einen Sack? Oder doch seinen Mantel? Hat ein Lenkrad tatsächlich nur einen Durchmesser von zehn Zentimetern?

Einige Spieler begründen ihre nachlässige Pantomime damit, dass es ihnen ja viel mehr um die Geschichte gehe als um ausgefeilte Darstellung. Uns sollte aber immer wieder, auch bei filigranen Storys, klar sein: Improvisation lebt vom Prozess, weniger vom Produkt. Ja, wir wollen eine tolle Show, eine tolle Story, eine tolle Szene „abliefern", aber wer als Zuschauer dem Improvisieren zuschaut, ist am *Entstehen und Entwickeln* interessiert. Der gemeinsame Flow ist in der improvisierten Kunst das Entscheidende.

Aber selbst aus der rein erzähltechnischen Perspektive ist es wichtig, auf gute Pantomime zu achten. Denn wir sind in unserer Erzählung viel effizienter, wenn das Handeln der Figuren selbst einen Teil der Geschichte erzählt. *Wie* durchstöbert der Psychologe seine Bibliothek? *Wie* putzt der Auftragsmörder seine Waffe? *Wie* schmückt die alleinerziehende Mutter den Weihnachtsbaum?

Schlechte Pantomime lenkt von der Handlung ab, gute Pantomime befördert sie.

Je spezifischer wir in der Handlung sind, umso präziser wird sie. Das kann unter Umständen für den Impro-Spieler zu einer großen Herausforderung werden: Ich soll mir einen Schreibtisch ausdenken *und* ihn auf der Bühne etablieren? *Und* die Details auf dem Schreibtisch? *Und* dazu auch noch eine Computertastatur? *Und* dazu auch noch etwas Konkretes schreiben? *Und* dann auch noch darauf achten, was meine Mitspieler auf der Bühne tun? Im Wust dieser als völlig separat wahrgenommenen Aufgaben, die aber synchron zu erfüllen sind, geben einige Spieler auf oder lassen die Details schleifen. Dabei ist es im Grunde gar nicht so schwer. Um in dem Beispiel zu bleiben: Wenn du einen Schreibtisch etablieren willst, nimm einen, den du sehr gut kennst – deinen eigenen. Du brauchst nicht lange zu überlegen, wo die Schere liegt, wo das Telefon steht, wo du die Klebezettel findest. Wir schlagen hier gleich zwei Fliegen mit einer Klappe: Während die Pantomime für uns als Spieler leichter wird, erscheint sie dem Publikum interessanter. Wenn dein Schreibtisch eine Schublade hat, die sich nur mit einem Schlüssel deines Schlüsselbundes öffnen lässt, dann nutze das. Als Zuschauer ist man automatisch fasziniert vom Besonderen und man schaltet eher ab beim Generalisierten. Also, wenn du etwas kennst, nutze es.

Übung Teilhandlungen

Vorgegeben ist der Schauplatz.

Gehe in deiner Figur zu einer Stelle dieses Schauplatzes und führe eine Handlung aus. Zum Beispiel: Betritt die Küche als junge Frau, die soeben eine Zusage für einen Job bekommen hat. Gehe zur Obstschale und bereite dort eine Melone zu. Zerlege die Handlung in einzelne Teilhandlungen. Sei stets im Moment.

Lass dir von außen Feedback geben. Ist die einzelne Teilhandlung zu verwaschen, zerlege sie in weitere Teilhandlungen. Zum Beispiel: Wenn die Teilhandlung „Obstmesser nehmen" zu verwaschen war, gehe es langsamer an. Öffne die Schublade. Nimm das Messer heraus. Lege das Messer ab. Schließe die Schublade. Nimm das Messer wieder in die Hand usw. Bleib immer in der Figur und bei der Sache.

2.3 Kontinuität

Wenn man Impro-Szenen eine Weile zuschaut, beobachtet man die erstaunlichsten Dinge: Tische, die noch vor einer Minute in der Mitte der Bühne standen, befinden sich nun auf einmal ganz links. Flaschen, Bälle, Stifte erscheinen magisch in der Hand einer Figur und verschwinden kurze Zeit später wieder. Personen gehen wie Magier durch Wände und geschlossene Türen. Türen haben nur eine Klinke, die sich bizarrerweise sowohl innen als auch außen befindet.

Wir haben es hier mit dem Problem der Kontinuität zu tun. Beim Film gibt es extra jemanden, der nichts anderes zu tun hat, als auf korrekte Anschlüsse zu achten. Im Improtheater müssen wir diese Arbeit selber leisten.

Wenn du ein Objekt im Raum mit Liebe etabliert hast und deine Sinne schärfst für Räumlichkeiten, dann wirst du auch an Kontinuität gar nicht mehr „denken" müssen, sondern beachtest sie ganz automatisch.

2.3.1 Wo stehen die Möbel?

„Möbel" nenne ich hier jeden Gegenstand, der einigermaßen groß ist und in der Szene herumsteht: Tische, Kühlschränke, Vogelkäfige, Fenster, aber auch Autos, Türen, Springbrunnen, Bäume.

Wenn du Möbel etablierst, solltest du das nicht nur als Mittel zum Zweck tun, sondern es auch genießen. Denn wenn du es genießt, macht es nicht nur mehr Spaß, die Wahrscheinlichkeit ist auch viel größer, dass du dir merkst, *wo* sich das Objekt deiner Liebe befindet. Für den ungeübten Spieler erfordert das zunächst ein bisschen Training.

Manchen hilft es, sich die Bühne wie ein einfaches Koordinatensystem vorzustellen: In welcher Höhe und welcher Breite etabliere ich die Waschmaschine? Wir erleichtern uns die Arbeit, wenn wir die meisten Gegenstände am vorderen Rand der Bühne etablieren, da somit eine Dimension schon mal klar ist. Ein Herd, der am vorderen Bühnenrand steht, wird auch nicht so leicht nach hinten rutschen.

Pantomime-Übung: Gemeinsam einen Raum etablieren

Der erste Spieler betritt als Figur einen Raum, auf den ihr euch vorher einigt. Ohne Worte etabliert er in diesem Raum ein Objekt, zum Beispiel ein Waschbecken in einem Badezimmer oder ein Teich in einem Vorgarten. Dann verlässt der Spieler die Szenerie, und der nächste Spieler spielt den zuerst etablierten Gegenstand an und etabliert einen zusätzlichen Gegenstand. Das kann man wiederholen, solange es noch übersichtlich bleibt. Die Gegenstände können benutzt aber nicht entfernt werden.

Fokus:

1. Genaues Ablegen und Aufnehmen am selben Ort.
2. Habe einen Grund, warum du dich an diesem Ort befindest. (In einem Hotelzimmer könntest du der Gast sein, ein Einbrecher, die Putzkraft, der Handwerker usw.)

2.3.2 Die vierte Wand nutzen

Anfänger neigen dazu, Möbel oder große Objekte am hinteren oder seitlichen Bühnenrand zu etablieren. Das ist psychologisch nachvollziehbar (wir definieren die Wand dort, wo schon eine ist), aber fürs Schauspiel meist nicht hilfreich, da diese Seiten fürs Publikum oft nicht einsehbar sind. Nutzt die vierte Wand! Wenn ihr etwas etabliert, tut das möglichst am vorderen Bühnenrand, damit wir euch sehen können![11]

---

[11] Ob und in welchem Maß Möbel im Vorderteil der Bühne etabliert werden, ist aber auch eine Geschmacksfrage. Während die meisten etablierten Impro-Spieler darin übereinstimmen, dass das die beste Wahl ist, so gibt es doch auch solche, die meinen, dies sei nur dann sinnvoll, wenn man im Film-Stil spiele, da im klassischen Theater ja auch die vierte Wand frei bliebe.

Außerdem wird eingewandt, dass man ja zum Beispiel durch ein Bücherregal nicht

2.3.3 Wo befinden sich die handlichen Objekte?

Der Mitspieler gibt einem ein gemimtes Blatt Papier und sagt: „Unterschreiben Sie!“ Woher nun einen gemimten Kugelschreiber nehmen? Schwupps – wir haben ihn schon in der Hand, vielleicht von irgendwoher aus der Luft gegriffen. Und nach dem Unterschreiben ist er – schwupps! – wieder weg. Es sieht aber von außen ziemlich seltsam aus, wenn die Gegenstände wie bei Magiern in unseren Händen erscheinen, statt aus Taschen gezogen oder von gemimten Tischen gegriffen werden. In manchen Szenen tauchen zum Beispiel Tassen auf und verschwinden immer wieder, je nachdem, ob sie gerade „gebraucht“ werden oder nicht.

Nun muss man aber zugeben, dass es schwieriger ist, sich die räumliche Position eines kleinen Gegenstandes zu merken als die eines großen. Der Trick besteht hier vor allem darin, sich den kleinen gemimten Gegenstand auf dem großen vorzustellen. Wir merken uns also die Position des Tisches und auf dem Tisch die Position des Kugelschreibers. Vielleicht sollte ich nicht von „merken“, sondern vielmehr von „sehen“ sprechen, denn tatsächlich geht es ja eher darum, dass wir die gemimte Welt vor unseren eigenen Augen entstehen lassen, als dass wir sie lediglich memorisieren. Erst wenn du selbst den Raum, den du erschaffst vor dir siehst, wird das Publikum diesen Schritt mitgehen können.

Übungen Möbel und Gegenstände

Etabliere ein Möbelstück und nimm von ihm einen handlichen Gegenstand (zum Beispiel ein Kugelschreiber von einem Tisch, ein T-Shirt aus der Waschmaschine, einen Degen von der Wand). Benutze den Gegenstand an einem anderen Ort der Bühne und bringe ihn dann zurück.

---

hindurchsehen könne. Man solle daher hauptsächlich Fenster oder hüfthohe Objekte, wie etwa eine Theke oder einen Couchtisch etablieren.

Decke mimisch einen Tisch. Platziere Geschirr, Besteck und Deko genau. Später räume es wieder ab. Wieviele Objekte können wir auf dem Tisch platzieren, ohne ungenau zu werden?

2.4 Schwierige Pantomime-Elemente

Eine gewisse Skizzenhaftigkeit ist bei aller Liebe zum Schauspiel, zum gemimten Objekt und zum gemimten Raum vertretbar. Wir werden wahrscheinlich immer wieder mal vor pantomimischen Aufgaben stehen, die uns spontan ein wenig überfordern. Lasst euch Zeit, habt Mut zum Behaupten. Und habt, das muss man wohl auch mal sagen, keine Angst vor dem Unperfekten – schließlich improvisieren wir ja.

Einige schwierige Pantomime-Elemente tauchen jedoch in Szenen häufiger auf, weshalb ich sie hier besprechen möchte. Die Techniken sind teilweise etwas kompliziert, und möglicherweise müsst ihr euch einen Coach nehmen oder euch gegenseitig Feedback geben. Und zur Beruhigung: So kompliziert die Techniken auch scheinen mögen, die meisten von ihnen kann man vom Grundsatz her relativ schnell lernen, auch wenn es ein wenig Übung braucht, sie glaubwürdig auszuführen.

2.4.1 Treppensteigen

Wenn Impro-Anfänger mimen, eine Treppe hinabzusteigen, gehen sie oft Schritt für Schritt in die Knie. In der Hocke angekommen stehen sie wieder auf und wiederholen das Ganze. Es fühlt sich komisch an, und es sieht auch komisch aus. Vor allem aber wirkt es überhaupt nicht wie Treppe.

Die Treppe ist ein Beispiel für ein Objekt, bei dem es nicht genügt, sie durch ihr Volumen oder ihr Gewicht zu markieren. Wir müssen zu zusätzlichen Illusions-Tricks greifen, da wir ja nicht wirklich hinunter oder hinaufsteigen können. Für die komplette Illusion brauchen wir 1) den Blick der Geh-Richtung, 2) den Toc der Füße, 3) das Mimen des Handlaufs.

Um anzuzeigen, ob wir nach oben oder nach unten gehen, genügt es zunächst, nach oben oder unten (also in Laufrichtung) zu schauen.

Der Toc der Füße ist das entscheidende Element dieser Pantomime. Man probiere es folgendermaßen: Stehe auf beiden Füßen, das Gewicht liegt dabei auf dem linken Bein. Die Hüfte zeigt ruhig ein wenig nach außen. Der rechte Fuß steht nur leicht auf dem Ballen. Für den Wechsel-Toc verlagerst du nun das Gewicht auf das rechte Bein, und zwar nicht allmählich, sondern kippend als Toc: Man kann ruhig zur Verstärkung plumpsend auf dem rechten Fuß landen, während nun der linke Fuß auf dem Ballen steht. Beide Füße wechseln sich nun ab. Dabei denken wir immer nach unten (auch wenn wir die gemimte Treppe nach oben steigen), denn es geht uns um das Landen des Körpergewichts.

Sei dir bewusst über den Winkel des Handlaufs: Ist die Treppe steil oder flach? Geht sie nach oben oder nach unten? Mit dem Geh-Toc des linken Fußes ergreifen wir vorn den Handlauf und „ziehen" ihn mit der Gehbewegung für zwei Schritte mit bis an unsere Hüfte (nicht hinter den Körper), wo wir ihn loslassen und wieder nach vorn greifen. Die Synchronisierung zwischen Geh-Toc und Handlauf-Pantomime ist nicht so leicht und kann einige Zeit in Anspruch nehmen.

Als Vorübung empfiehlt sich die Leiter-Pantomime, die etwas leichter ist, da man nicht in die Schräge geht.

Dabei ist die Bewegung:

Fuß-Toc links,
Fuß-Toc rechts,
linke Hand greift den Holm,
rechte Hand greift den Holm,

Fuß-Toc links,
Fuß-Toc rechts ... [12]

2.4.2 Türen

Wenn wir mimen, durch eine Tür zu gehen, sollten wir uns zunächst darüber klar werden, mit welcher Art von Tür wir es zu tun haben: Tür mit Klinke oder Knauf? Wohnungstür oder schweres Kirchentor? Schiebetür oder Automatiktür? Drehtür oder Schwingtür? Am schwierigsten darzustellen sind wahrscheinlich Knauf- und Klinken-Türen.

Lege eine Hand an die Klinke oder den Knauf. Die zweite Hand kann zur Unterstützung der Pantomime an die imaginäre Tür gelegt werden.

Betätige die Klinke oder den Knauf mit einem gewissen Kraftaufwand. Für Klinken kann ein unterstützender Fuß-Toc (s.o. wie beim Treppensteigen) hilfreich sein.

Öffne die Tür in dem notwendigen Bogen und löse die Hand von Klinke oder Knauf.

Leg die Hand an die andere Klinke oder den Knauf und schließe die Tür mit einem Toc, der den Moment des Schließens verdeutlicht. Auch hier kann man zur Verstärkung die Hand an die Tür legen oder das Schließen mit einem Fuß-Toc verstärken.

2.4.3 Ins Auto steigen

Stoß dir nicht den Kopf, wenn du ins Auto steigst. Impro-Spieler tendieren dazu, das Autodach zu vergessen. Also zieh den Kopf ein.

---

[12] Baut neu erlernte Techniken, auch wenn sie noch unperfekt sind, ruhig in die Handlungen eurer Impro-Szenen ein. In der Zeit als ich Leitern-Pantomime trainierte, stieg ich von Dächern, brach in Museen ein, spielte Elektriker auf gemimten Leitern, rettete Katzen per Leiter und besuchte meine Geliebten, in dem ich über gemimte Leitern zu ihnen hinaufkletterte. Scheut nicht davor zurück, die Live-Bühne zum Üben zu benutzen.

Wie du mimst, ins Auto zu steigen, hängt sehr davon ab, ob du einen Stuhl zur Verfügung hast. Wir brauchen einen minimalen Toc fürs Türöffnen und einen etwas größeren, um sie zu schließen.

2.4.4 Hängen

Stell dich auf die Zehen und rotiere dabei ganz leicht hin und her. Wenn du jetzt noch den Kopf hängen lässt, wirkst du wie ein Selbstmörder am Seil. Von diesem Körpergefühl ausgehend, können wir auch spielen, dass das imaginäre Seil um unsere Brust geschlungen ist und wir uns an einer Hochhaus- oder einer Felswand herablassen. Mit ein bisschen Übung kann man auch hin und her schlenkern. Wichtig dabei: Kleine Schritte, die die Bewegung pendelnd erscheinen lassen. Die Hände umklammern dabei das imaginäre Seil.

*

Wir stoßen im Laufe unserer Impro-Arbeit immer wieder an Pantomime-Herausforderungen jeglicher Art. Nicht alle kann ich hier anreißen. Aber für fast alle gibt es einigermaßen befriedigende Lösungen.

Man probiere aus:

- Aufs Pferd steigen, vom Pferd absteigen.
- Von einer zwei Meter hohen Mauer springen.
- Mit den Füßen an einem Seil hängen.
- Sich an einer Herdplatte die Finger verbrennen.

2.5 Pantomime zu zweit oder in Gruppen

2.5.1 Miteinander

Was du pantomimisch etablierst, sollte nicht nur für dich und das Publikum erkennbar sein, sondern auch für deine Kollegen. Erst wenn dein Mitspieler den Kühlschrank an der Stelle wiederfindet, an der du ihn pantomimisch etabliert hast, ist deine Pantomime gelungen.

Eine große Wirksamkeit entfaltet die Pantomime, wenn wir *gemeinsam* Gegenstände und Räume etablieren. Je selbstverständlicher und leichter das geht, umso besser.

Wurf-Übung

(1) Werft euch gemimte Gegenstände zu: Bälle, Frisbee-Scheiben, Messer, Bücher, Katzen, Stühle, Autos. Nichts davon sollte schwierig oder gefährlich sein. Alles erscheint wie ein Kinderspiel von exzellenten Akrobaten. Stellt euch vor, ihr seid die große Jongleurtruppe, die wirklich alles werfen und fangen kann. Alle bleiben elegant wie Zirkusartisten.

(2) Einer etabliert ein Möbel und legt Gegenstände darin oder darauf ab (zum Beispiel Waschmaschine, Tisch, Regal). Abgang. Der zweite Spieler betritt die Bühne nimmt diese Gegenstände wieder mit.

(3) Arbeitet an einer gemeinsamen, körperlichen Aufgabe, wie Zelt Aufbauen. Geht dabei zur Sache, als seiet ihr routinierte Jongleure. Werft euch die Heringe und Seile mit Leichtigkeit zu und fangt es mit Leichtigkeit.
Bleibt einfach: Seid nicht zu schnell, werdet nicht zu fitzelig in den Details. Die Pantomime sollte für eure Mitspieler nachvollziehbar sein.
Behaltet zunächst Augenkontakt, und geht dann nach und nach Risiken ein, zum Beispiel indem ihr den Mitspieler nur noch aus den Augenwinkeln seht.
Bleibt in euren Wurf- und Fang-Bewegungen elegant.
Und natürlich könnt ihr auch andere gemeinsame Arbeiten erledigen: Einkaufen, Baum fällen, Leiche waschen. Die Arbeit sollte nur nicht aus reiner Wiederholung.

2.5.2 Grenzen des Miteinanders

Nutzt eure Körperlichkeit. Was individuell als Limitierung erscheinen mag, zum Beispiel eine kleine Körpergröße, kann auf der Bühne zum Vorteil werden, zum Beispiel, dass man von einem großen, kräftigen Spieler einfach mal getragen werden kann. In einem Kontext des gegenseitigen Kennens und Vertrauens kann der Kleine auch (wenn es dem Moment entspricht) nach kurzem Augenkontakt dem anderen auf die Arme springen. Solche Art von Handlungen, wie auch andere Arten der Grenzüberschreitung wie intime und Gewalt-Szenen, haben natürlich eine starke und unmittelbare Wirkung auf das Publikum. Das heißt aber auch, dass wir uns außerhalb von Auftritten immer wieder über diese Grenzen verständigen müssen: Wieviel ist für dich okay? Was sind meine Limits? In der Gruppe sollte man diesen Limits mit Respekt begegnen. Und als Einzelner keine Scheu davor haben, diese Limits anzusprechen, auch wenn man möglicherweise die einzige Person in der Gruppe ist, die sich zum Beispiel nicht im Gesicht berühren lassen möchte.

2.5.3 Pantomimischer Kampf

Wir kommen zu einem sensiblen Thema: Körperliche Gewalt auf der Bühne. Manche Impro-Ensembles kommen praktisch ganz ohne Gewalt-Szenen aus, manche verwenden dieses Stilmittel vergleichsweise häufig. Manche Genres (Action, Slapstick, Horror usw.) verlangen eher nach Gewalt-Szenen als andere. An dieser Stelle geht es auch nicht darum, ob und wann physische Kämpfe angemessen sind, sondern darum, *wie* man sie darstellt.

Regel Nummer Eins: *Sicherheit geht vor.* Wir predigen zwar oft, auf der Bühne das Risiko nicht zu scheuen, doch gebrochene Nasenbeine, fehlende Zähne und gequetschte Muskeln sollten wir nicht in Kauf nehmen.

Für uns ist dabei wichtig zu erkennen, dass wir nicht wirklich kämpfen. Das klingt fast banal. Aber schwache Impro-Spieler tendieren dazu, die Kontrolle nicht abzugeben. Sie wollen um jeden Preis verhindern, dass ihre Figur den Kampf verliert.[13]

In den Anfangsjahren meiner Tätigkeit als Improlehrer wurde ich von einer Wrestling-Truppe gebeten, sie in Storytelling zu trainieren. Ich habe wahrscheinlich von ihnen damals mehr gelernt als sie von mir. Auch wenn Wrestler die Angelegenheit wesentlich härter angehen, lohnt es sich, zu Studienzwecken mal ein paar Kämpfe anzuschauen. Schaukampf lässt sich als eine Art Tanz auffassen. Es geht um ein *Miteinander*, um ein gemeinsames Nutzen der Bühne und der beiden Körper.

Um dieses Miteinander zu trainieren, empfehle ich eine Übung, auf die ich vor vielen Jahren mal gestoßen bin und deren Quelle ich nicht mehr verifizieren kann. Das Schöne an dieser Übung besteht darin, dass wir nicht nur das Miteinander trainieren, sondern auch das Verlierenkönnen, das Loslassen bei gleichzeitiger Hingabe.

Übung Zeitlupen-Samurai

Eine Gruppe von Spielern ist auf der Bühne.

Alle haben zwei Meter lange gemimte Samurai-Schwerter in der Hand, mit denen sie in Zeitlupe gegeneinander kämpfen. Nach und nach werden die Spieler umgesäbelt, bis schließlich einer übrigbleibt.

Wer die Zeitlupe missachtet, weil er angreifen oder sich besser verteidigen will, „stirbt" ebenfalls.

Die oberste technische Regel für improvisierte Kämpfe lautet: Das Opfer führt! Diese kleine Regel hilft uns, ungeheuer effektvoll zu „kämpfen", ohne uns selbst zu gefährden.

[13] Zur Funktion von Kampf-Szenen siehe *Improvisationstheater. Band 3: Die Magie der Szene*

Übung Opfer sein

Zwei Spieler geben sich wie zur Begrüßung die Hände. Spieler A geht vor Schmerz zu Boden, während Spieler B ihn sadistisch anschaut. Der Haupteffekt geht hier natürlich vom Opfer aus, das sich „vor Schmerz" windet. Der angreifende Spieler aber sollte eine gewisse Spannung im Arm und in der Hand behalten. Die Hand bleibt wie im Krampf steif.

Erst wenn wir wirklich sicher in dieser Übung sind, wenn sich alle Spieler damit wohlfühlen und der Effekt von außen befriedigend ist, können wir zur nächsten Übung weitergehen. Man stelle sich vor: Zwei Impro-Spieler kämpfen. Einer greift in die Haare des anderen, und zerrt ihn am Schopf auf der Bühne hin und her, während dieser sich schreiend vor Schmerzen den Kopf hält. Unmöglich? Nicht, wenn wir folgende Technik beachten:

Übung Haare-Ziehen

Wer die Übung Händedrücken körperlich verstanden hat, kann wohl vorausahnen, wie das Haare-Reißen funktioniert. In Wirklichkeit fasst der Angreifer die Haare des Opfers überhaupt nicht an. Er legt lediglich die schon geschlossene Faust auf dessen Kopf. Das Opfer packt nun wie vor Schmerz mit beiden Händen die Faust des Angreifers und rennt auf der Bühne hin und her, wirft sich hin, steht wieder auf usw. Wenn es gut gespielt wird, wirkt es so, als schleudere der Angreifer sein Opfer hin und her.

(Diese Übung wie auch die meisten anderen Gewalt-Übungen bitte in extremer Zeitlupe beginnen und dann im Tempo allmählich steigern.)

Es lohnt sich, für weitere Kampf-Techniken Pantomime- oder Fecht-Lehrer heranzuziehen. Viele Tricks sind relativ einfach zu beherrschen, bedürfen aber beim Üben aus Sicherheitsgründen eines permanenten Feedbacks, so dass ich sie hier nicht beschreibe. Sinnvoll unter Anleitung zu trainieren scheinen mir: Ohrfeigen, Faustschläge, Tritte auf den Fuß.

Zur Frage der Gewalt auf der Bühne noch drei abschließende Bemerkungen:

- Improtheater ist ohnehin eine ziemlich komplexe Multitasking-Angelegenheit, die viele Aufmerksamkeits-Ebenen erfordert. Lasst euch nicht auf komplizierte oder gefährliche Stunts ein.
- Im Zweifel spielt Gewalt in Zeitlupe.
- Jede Gruppe muss sich letztlich auf das Ausmaß an Gewalt auf der Bühne einigen. Aber auch wenn ihr eher dialoglastiges Improtheater spielt, solltet ihr doch wenigstens die Grundlagen für Gewalt-Darstellungen beherrschen.

3 CHARAKTERE UND FIGUREN[14]

Im Film und im geskripteten Theater wird auf Typ gecastet. Manche Schauspieler kommen gar aus ihrem einmal festgelegten Typus nie wieder heraus. Das Wunderbare am Improtheater ist, dass jeder von uns junge Mädchen, alte Männer, herrische Dickwänste und schüchterne Schlaksige spielen kann, und zwar relativ unabhängig vom eigenen Alter und Aussehen. Es ist der unausgesprochene Deal zwischen Publikum und Schauspielern:

[14] (Die Begriffe „Figur" und „Charakter" werden hier weitgehend deckungsgleich verwendet, und wir wollen nicht zu viel Zeit mit Wortklauberei verbringen. Aber ich will doch zumindest kurz erwähnen, dass es zwischen beiden einen kleinen Bedeutungsunterschied gibt. „Figur" referiert eher auf die Skizze, den Typus, während „Charakter" eher spezielle psychologisch einzigartige Personendarstellungen meint.)

Auf der Bühne werden nicht nur die Szenen als Abfolge von Handlungen und Dialogen improvisiert, sondern auch die Charaktere werden aus dem Moment heraus entwickelt. Dass du eine schlanke fünfundzwanzigjährige Schwäbin bist, darf dich nicht hindern, einen fetten alten großzügigen Franzosen zu spielen.

Aber aus welchen Facetten setzt sich eine Figur eigentlich zusammen? Muss man sich ein Repertoire an Grundcharakteren schaffen, um sich aus diesem Sortiment dann zu bedienen? Oder kann es uns wirklich gelingen, aus dem Moment heraus Figuren zu kreieren, die wirklich neu sind und die uns selbst, unsere Mitspieler und das Publikum überraschen?

Charakterdarsteller, insbesondere solche aus der Schule des Method Acting, vertiefen sich wochen- oder gar monatelang in eine Rolle, um ihre Hintergründe, ihre Beweggründe, ihr soziales Umfeld und ihre Körperlichkeit zu studieren. Wir haben nicht Tage, Stunden oder auch nur Minuten zur Verfügung. Unsere Figur muss *sofort* da sein. Präsent und glaubwürdig. Wenn wir uns selbst und dem Publikum diesen spontanen Akt des Erschaffens schenken wollen, brauchen wir Techniken, wie wir uns spontan selbst überraschen können, wie wir Assoziationskanäle aktivieren können, die uns bei diesen Instant-Kreationen helfen.

3.1 Ein dünner Schleier

Wir erschaffen keinen illusionistischen Spielfilm, sondern Improtheater. Unser Als-ob abstrahiert in hohem Maße. Das fängt bei der recht nackten Bühne an, die als Wohnzimmer, Autobahn oder Kirche herhalten muss und bei den Figuren ist es im Grunde dasselbe. Ich bin ein Meter neunzig groß, schlank und mein Haupthaar hat sich im Laufe der Jahre stark gelichtet. Aber ich werde, wenn es die Szene erfordert, einen dicken depressiven Teenager oder einen kleinen cholerischen langhaarigen

Rocker spielen. Und ich möchte behaupten, dass das Publikum nur einen kurzen Moment braucht, um sein inneres Auge anzupassen.

Der Aufwand, den wir für diese Verwandlung betreiben müssen, ist oft geringer als man denkt. Zwar brauchen wir ein gutes Maß an Einfühlsamkeit und schauspielerischen Fokus, aber oft genügt die kleine Andeutung, um die Figur glaubhaft zu machen. Der Impro-Lehrer Del Close nannte diese Technik den „dünnen Schleier". Gemeint ist: Der dünne Schleier steht für die Figur, die wir spielen, wie abseitig sie auch sein mag, aber darunter sind die Schauspieler sehr leicht erkennbar. Es würdigt unsere Schauspielkunst keineswegs herab, wenn man feststellt, dass das auch gut so ist, denn schließlich will das Publikum gerade in einer Impro-Show beide sehen: Die Figuren *und* die dahinterstehenden Schauspieler im Prozess des Improvisierens.

Mag der Schleier auch noch so dünn sein, jede Figur erfordert unsere volle Hingabe. Die hier vorgestellten Techniken sind eben nur dies – Techniken. Sie ersetzen nicht das Spiel und das Engagement. Die Figur, die wir erschaffen, verlieren wir, wenn sie nur als Gimmick erschaffen wurde, wenn sie nicht wirklich empfunden wird.

Diese Unbefangenheit verlernen die meisten von uns im Laufe ihres Erwachsenenwerdens, und es ist nicht immer leicht, sie wiederzuerlangen. Sie ist aber der Schlüssel zu Freiheit, Unvorhersehbarkeit und Glaubwürdigkeit unseres Schauspiels. Unbefangen sind wir, wenn wir frei spielen,[15] wenn unsere Figuren aus Körperlichkeit, Stimmlichkeit, Sprache und geistiger Haltung entwickelt bzw. „erspielt" werden. Schauen wir uns das im Detail an:

[15] Siehe auch *Improvisationstheater Band 1: Die Grundlagen, Kapitel 7: Spiele!*

3.2 Entwicklung aus der Körperlichkeit

Konzeptionelle Zugriffe, zum Beispiel auf Sprache, Psychologie und szenische Notwendigkeit eines Prototyps, verlaufen über den präfrontalen Cortex, also denjenigen Bereich des Gehirns, der für rationales Abwägen zuständig ist.

Der Zugriff auf die Körperlichkeit ist für den Spieler der effektivste und der überraschendste Weg, einen Charakter spontan zu entwickeln. Auf unseren Körper und seine sensorischen Signale und emotionalen Kopplungen, die in der Amygdala verarbeitet werden, können wir viel unmittelbarer zugreifen.[16] Unsere Körperlichkeit kann in einer Szene eine Eigendynamik entfalten, die uns selbst überrascht, die uns in diesen immer wieder gesuchten Prozess des Flows führt, in dem wir einfach das tun, was offensichtlich ist, ohne unser Hirn mit Konzepten zu irgendwelchen Charakteren zu verknoten oder uns von Strukturen gefangen nehmen zu lassen.

3.2.1 Tiere als elementare Form

Viele der großen Schauspieler haben für ihre Rollen Tiere als Inspiration genutzt:

- Marlon Brando in „Der Pate“ – eine Bulldogge.
- Elizabeth Taylor in „Katze auf dem heißen Blechdach“ – eine Katze.
- Anthony Hopkins in „Schweigen der Lämmer“ – ein Krokodil und eine Spinne.

Wie stark die elementare Kraft ist, die einem eine solche Tier-Inspiration geben kann, sieht man schon an diesen Beispielen.

[16] Die Amygdala arbeitet um ein Vielfaches schneller als das Großhirn. Ihre Botschaften werden auch schneller ans Großhirn gesendet als umgekehrt. Das heißt für uns: Unserem Körper wird von selber klar, was gerade los ist, und zwar noch bevor das Großhirn eine Beschreibung oder einen Namen dafür gefunden hat.

Aber sie ist wirklich erfahrbar, wenn man es ausprobiert und *in ein Tier* schlüpft.

Übung Tier-Inspiration

Durch den Raum laufen.

Fokussiere auf deinen Atem und deine Schritte.

Bleibe bei dir selbst.

Wähle ein zufälliges Tier.

Fokussiere auf den Atem dieses Tieres.

Auf den Gang.

Wie sieht dieses Tier die Welt? Ist sie voller Feinde oder voller Opfer? (Vermeidet zu diesem Zeitpunkt Interaktion)

Wie fühlt sich der Bauch dieses Tieres an?

Wie der Hintern?

Spiele mit allen Elementen

Das Wichtigste: Nimm das Tier von innen wahr statt von außen. Also bitte beim Elefanten keine Arm-Rüssel, beim Hasen keine Hand-Ohren.

Erst wenn das Tier von innen her erfasst wurde, wirken die Bewegungen organisch. Entscheidend dabei ist der Atem! Dabei geht es nicht darum, es irgendwie „richtig" zu machen oder das Tier erkennbar zu „zeigen". Die Wahrheit meiner Katze ist sicherlich anders als die deiner Katze. Abgesehen von dem Spaß, den es macht, solche Tier-Übungen zu spielen, verwandeln sie uns völlig. Und in dieser Verwandlung erleben wir neue Bewegungen, eine neue Sicht auf die Dinge und die uns umgebenden Personen.

Übung Tierische Routine

Vorgabe: Eine physische Routinehandlung, wie Waschmaschine befüllen oder Zigarette drehen.

Die Spielerin führt die Handlung in der Körperlichkeit eines Tieres aus.[17]

Game „Tierarzt"

Ein Spieler bringt ein Tier zum Veterinär und benennt ohne Umschweife die Tierart und die Beschwerden:

„Guten Tag, Frau Doktor! Meine Klapperschlange Cleopatra klappert nicht mehr richtig. Was kann ich nur tun?"

Sofort nimmt die Spielerin der Tierärztin Eigenschaften und Bewegungsqualitäten der Schlange an und behandelt das kranke Tier.

Anmerkungen:

1. Es geht nicht darum, diese Eigenschaften verbal auszudrücken (etwa: „Schauen Sie mich mal an, damit ich Sie besser hypnotisieren kann." oder „Ich schlängle schon mal zum Schreibtisch." usw.), sondern um die *Verkörperung* der Tiereigenschaften: Sie geht etwa in schlängelnden Bewegungen zum Schreibtisch und sagt dabei: „Tssseigen Ssie mir bitte die Tsssunge desss Tieresss!" Aus dieser Körperlichkeit werden das Verhalten und die Perspektive entwickelt.

2. Der Tierhalter hat hier eine eher passive, allenfalls unterstützende Rolle, denn der Inhalt der routinehaften Szene ist ziemlich irrelevant. Vielmehr geht es darum, der „Veterinärin" eine amüsante Übungsform zu geben.

Während man bei der Raum-Lauf-Übung sehr stark ins Tierischsein eintauchen sollte, geht es in den beiden letztgenannten Übungen eher darum, die Grenze des Glaubwürdigen zu berühren, mit anderen Worten: Wieviel Tier kann ich in mir aufnehmen, um gerade noch eine vielleicht etwas seltsame, aber nicht völlig verrückte Person zu spielen? Dieser Übergang ist

[17] Um beim wiederholten Üben nicht die immer gleichen Tiere zu nehmen, kann sich der Spieler selber überraschen, zum Beispiel, indem er ein Tier nimmt, das mit dem Anfangsbuchstaben der Handlung beginnt.

beim Üben eigentlich nicht besonders schwer. Ein mögliches Kriterium wäre hier: Wie würdest du auf diese exzentrische Person reagieren, wenn du ihr im Bus oder in der Bahn begegnest: Wenn du ihr einen zweiten Blick schenkst, dann ist es noch im Rahmen. Wenn du sie für verrückt hältst, ist die Darstellung übertrieben.

3.2.2 Ein Körperteil führt

Hast du schon mal einen dieser hektischen Menschen gesehen, die, sobald sie irgendwo hingehen, mit dem Kopf eigentlich schon da sind? Nicht nur mit den Gedanken, sondern es wirkt, als befinde sich ihre Stirn einen halben Meter vor ihrem Bauch. Weibliche Models hingegen schreiten auf dem Laufsteg mit einem kleinen Stoß des Beckens. Türsteher wiederum scheinen ihre ruhigen Bewegungs-Impulse vom Brustkorb zu bekommen.

Diese Bewegungs-Qualitäten haben einen ungeheuren Effekt, der auch dann noch wirkt, wenn er nur subtil angedeutet wird. Die Bewegungsqualität, die dadurch entsteht, dass sie von einem Körperteil ausgeht, verändert auch die Art, wie man atmet, was leicht einzusehen ist: Ein Bodybuilder atmet anders als ein Model. Das veränderte Atmen hat – wir haben es schon bei der Tier-Inspiration gesehen – einen Einfluss auf die grundlegenden Emotionen und darauf, wie man die Welt wahrnimmt[18]

Bekannte Beispiele für diese Art von Schauspiel :

- Sharon Stone in „Basic Instinct“ – Hals
- Jimmy Stewart in „Vertigo“ – Knie
- Tom Hanks in „Forrest Gump“ – Brustkorb

Das Auffälligste, ist natürlich zunächst die Körperlichkeit, aber ein Typ wie Forrest Gump wird eben nicht nur durch seine kuriose Körperhaltung seltsam, sondern auch dadurch, wie diese

[18] Diese emotionalen Impulse des Atems sind nun zunächst Impulse an den Spieler, und wir brauchen eine spielerische Haltung, um nicht von ihr weggetragen zu werden.

steife Brust-raus-Körperhaltung eben alles andere beeinflusst – seine Sprache, seinen Status und nicht zuletzt vermittelt sie eindringlich die übergroße Anstrengung, die dieser eingeschränkte Mann unternimmt, um unter seinen Mitmenschen respektiert zu werden.

Übung Körperteil führt

Körper lockern.

Raum-Lauf. Fokus auf Atem und das Gehen.

Wähle einen Körperteil, der „führt".

Nutze den gesamten Raum – alle drei Dimensionen.

Lass dich überraschen, in welche ungewohnten Bewegungen dich dieser Körperteil führt.

Es geht bei dieser Übung noch nicht um Charaktere, sondern um das radikale Ausloten von Bewegungsqualitäten.

Übung Vortrag mit führendem Körperteil

Kleine Lockerung.

Wähle einen Körperteil, der führt, und mime eine kurze Handlung. Achte dabei auf deinen Atem.

Dem Atem folgt die Stimme.

Halte einen physisch lebendigen Vortrag über ein beliebiges Thema.

Der Körper folgt dem Körperteil. Der Atem folgt dem Körper. Stimme und Geisteshaltung folgen dem Atem. Der Inhalt folgt der Geisteshaltung, wenn wir sie verstärken.

Wie können wir das nun auf der Bühne praktisch einsetzen? Zunächst ist es eigentlich immer ein guter Impuls, körperlich zu beginnen. Ganz besonders aber ist das angeraten, wenn man merkt, dass man zu verkopft wird, wenn man anfängt, in Kategorien von Richtig/Falsch oder Gut/Schlecht zu denken.

In einer improvisierten Szene, in der Gina die Bühne mit großen ruhigen Bewegungen ausfüllte, betrat Heike das Bild als kleine, herumfingerndes Mädchen, das die ältere Schwester nervt. Die Szene war komisch, und beide Spielerinnen hatten großen Spaß dabei.

Heike sagte später: „Nachdem ich mich beim Nachdenken über einen möglichen Character ertappt hatte, verließ ich mich auf meinen Körper und ging ins physisch geleitetes Gegenteil. Da mir Ginas Figur Oberarm-gesteuert erschien, folgte ich einfach dem Impuls ‚Zeigefinger'".

Man sei im Übrigen nicht wählerisch, was den Körperteil angeht. Nimm einfach irgendeinen. Entscheidend ist, dass du mit ihm spielst, dich von ihm überraschen lässt und ihm einen Großteil der Kontrolle der Szene überlässt.

3.2.3 Gegenständliche Inspirationen

Wir haben im Abschnitt über Tier-Inspirationen gesehen, wie wir über die *innere* Verkörperung des Tieres durch die Kopplung mit dem Atem zu einer subtilen Darstellung eines Charakters kommen können, auf den man kaum gekommen wäre, wenn man ihn sich hätte „ausdenken" müssen.

Wenn man sich also von Tieren inspirieren lassen kann, warum dann nicht auch von der Körperlichkeit und dem „Charakter" eines Gegenstandes? Die abstrahierende Leistung, die wir hier vollziehen müssen, scheint zunächst ein wenig höher, da ein Gegenstand nicht atmet und sich oft nicht ohne weiteres bewegt. Hier will ich nun zeigen, dass es im Grunde gar nicht so schwer ist, einen Gegenstand zu inkorporieren und in sich zum Leben zu erwecken.

Übung Verkörperung von Objekten

Wir laufen im Raum.

Ungefähr eine Minute Fokus auf Atem und Gehen.

Wir halten inne. Dann wenden wir uns einem beliebigen Objekt im Raum zu, gehen stracks auf es zu. Sobald wir angekommen sind, kopieren wir es mit dem ganzen Körper.

Atmend diese Verkörperung für vier Atemzüge beibehalten und ihrem Gefühl nachspüren.

Rasche Wendung zum nächsten beliebigen Objekt im Raum und die Übung wiederholen.

Zu beachten: Wir fokussieren darauf, das Objekt durch den *ganzen* Körper zu empfinden. Eine Steckdose zum Beispiel wird also nicht einfach mit den Fingern angedeutet, sondern mit allem, was wir haben, empfunden. Es geht nicht um äußeres Zeigen, sondern ums ganzheitliche *Empfinden.*

Variante: Sobald du am Gegenstand angekommen bist, nimm nicht nur seine Form ein, sondern geh in die Bewegung, die diese Form nahelegt.

Anstatt uns zu bemühen, etwas „richtig" darzustellen, sollten wir die eigene naheliegende Inspiration innerlich nutzen. Dabei können die Ergebnisse dabei durchaus unterschiedlich sein. Nehmen wir das Beispiel Steckdose.

	Spieler A	**Spieler B**
Gegenstand der Inspiration	Steckdose	
Unmittelbarer visueller Impuls	Rundlichkeit	energetische Löcher
Atem-Impuls	gemütliche Ruhe	betriebsame Hektik
weitere Umsetzung in die Figur	gutmütiges Phlegma	cholerisch und sprunghaft

Woher nimmt man aber die Gegenstände, die einen inspirieren sollen? Wenn man sich auf das beschränkt, was sich tatsächlich real auf der Bühne befindet oder von dort aus zu sehen ist – Scheinwerfer, Stuhl, Klavier, Mauervorsprung – dann wird man nach ein paar Shows bald alles durch haben. Eine Option ist, kleinere Dinge zu nutzen, die sich zum Beispiel direkt am Mitspieler befinden – ein Ohrring, eine Tätowierung, ein Ornament auf dem T-Shirt. Als fruchtbar hat es sich außerdem erwiesen, die fiktive Realität der Gegenstände zu nutzen, die bereits etabliert wurde oder im Begriff ist, etabliert zu werden: Wenn meine Mitspielerin mimt, eine Tasse zu halten, dann kann genau diese Tasse das Objekt meiner körperlichen (und im Anschluss auch psychischen) Inspiration werden. Ich spiegle gewissermaßen ein vorhandenes Objekt.[19] Oder ich gehe ins Gegenteil gehen, was immer für mich auch das „Gegenteil" von Tasse sein mag – Teller, Glas, Untertasse, Kohleofen.

Wenn man einmal diesen Assoziationskanal für sich geöffnet hat, erweitert sich auch die Welt der Gegenstände: Wir nehmen die Körperlichkeit von Objekten wahr, die man konzeptionell vielleicht gar nicht zur Welt der Gegenstände zählen würde: Regen, Bielefeld, den Buchstaben L.

*

Ob Tier, Körperteil oder Gegenstand – wenn man die Inspiration in sich aufnimmt, wird man nicht lange, aber zunächst doch einen Moment brauchen, um von der ersten äußerlichen Körperlichkeit in den Atem, ins Gefühl, in die psychische Haltung und dann in die Sicht auf die Welt zu kommen. Dabei muss man nicht hetzen, die Entdeckung ergibt sich recht organisch. Später, wenn man ein paar Mal auf- und abgegangen ist, haben Körper und Geist die Verbindung schon hergestellt, und man kann viel unmittelbarer darauf zugreifen. Du brauchst dann nur

[19] Wenn das Objekt von zentraler Bedeutung ist oder im Laufe der Story wiederkehrt, kann diese Spiegelung eine enorme Wirkung haben, die vom Zuschauer nicht unbedingt erkannt, aber dennoch empfunden wird.

noch „Fuchs“ zu denken, oder „Knie“ oder „Topflappen“, um deine Figur blitzschnell und komplett wiederzubeleben.

Niemand im Publikum muss die Quelle dieser Inspiration erkennen. Genaugenommen ist es sogar recht unwahrscheinlich, dass jemand eine Inspiration wie „Keks“ erkennen wird, wenn du darauf eine Figur aufbaust. Darum geht es auch gar nicht. Die Wahrscheinlichkeit, dass man das Alltags-Ich abstreifen kann und *jemand anders* wird, ist einfach höher. Und interessanterweise sind solche klar inspirierten Figuren auch immer fürs Publikum faszinierend.

3.2.4 Abstrakte Inspirationen

Wenn wir sowohl Tiere als auch Objekte als körperliche Inspiration für unsere nie dagewesenen Charaktere heranziehen können, warum dann nicht Konzepte? Unter „Konzept“ verstehe ich hier jede Art von nicht-gegenständlicher Inspiration, zum Beispiel

- Objekteigenschaften: rund, weich, sperrig, flüssig, elastisch …
- soziale und künstlerische Konzepte: Sinfonie, Rechtsstaatlichkeit, Dogma …
- wissenschaftliche Konzepte: Differenzial, Repräsentativität, Erkenntnis …
- Natur-Erscheinungen: Donner, Gezeiten, Metamorphose …

Wenn man nie mit dieser Art von Inspirationen gearbeitet hat, mag es seltsam erscheinen, sie ausgerechnet zum Bau von Charakteren zu nutzen, und dann auch noch über die *körperliche* Ebene. Aber auch das kann gelernt werden.

> In einer ruhigen Szene innerhalb einer Langform von Foxy Freestyle wurde eine Figur erwähnt, und es war klar, dass sie demnächst erscheinen musste. Da platzte Richard mit ausgebreiteten herein: „Ich hab Sixpacks mitgebracht!“

Der Kontrast zu unserer Szene überraschte uns, aber wir empfanden ihn als absolut passend.
Richard sagte dazu später: „Ich sah, wie eure Bewegungen physisch schmal wurden. Und ‚schmal' wurde auch die Szene. Aus dem Impuls heraus, dass die Szene einen Kontrast bräuchte, betrat ich die Bühne mit ausgebreiten Armen, noch ohne zu wissen, was das für ein Charakter würde. Aber in dem Moment als ich da stand, wusste ich es. Oder besser gesagt, ich *spürte* es. Ich *empfand* den Charakter in diesem Moment besser, als ich ihn in fünf Minuten hätte beschreiben können. Und ich wusste, ich würde zu ihm jederzeit zurückfinden, einfach indem ich freudig die Arme ausbreite."

Übung Abstrakte Begriffe verkörpern

(Diese Übung funktioniert gut mit improvisierter Musik, aber es geht auch ohne Begleitung.)

Verteilt euch im Raum und findet einen Punkt. Lockert euch körperlich.

Der Trainer ruft einen abstrakten Begriff ein, der eine physische Eigenschaft beschreibt, zum Beispiel „stumpf" oder „warm". Die Spieler setzen diesen Begriff in Bewegung um und loten ihn gewissermaßen körperlich aus.

Wie kann mein Körper „stumpf" sein?

Wie können meine Bewegungen „stumpf" sein?

Wie können einzelne Körperteile „stumpf" sein?

Nach einigen Begriffen dieser Art, üben wir das Gleiche mit Natur-Erscheinungen, zum Beispiel Sonnenuntergang, Lawine usw. Dabei geht es nicht darum, pantomimisch eine Lawine oder dergleichen darzustellen, sondern den Körper assoziieren zu lassen.

Die Begriffe werden immer abstrakter.

Übung Abstrakter Begriff und Handlung

Die Spieler bekommen als Vorschlag eine alltägliche Handlung und einen abstrakten Begriff, der mit der Handlung nichts zu tun hat. Der Begriff wird als Charakter-Inspiration genutzt. Der so gefundene Charakter verrichtet die Handlung in seiner Körperlichkeit.

In einem zweiten Schritt kann der Übungsleiter als Figur aus dem Raum nebenan Fragen stellen, die der Spieler beantwortet, zum Beispiel „Hast du daran gedacht, auch die T-Shirts zu bügeln, Schatz?" So hat der Spieler auch Gelegenheit, die Stimme einzusetzen

Wie schon in den Anmerkungen zu Tier- und Gegenstand-Inspirationen erwähnt, ist es entscheidend, dass der Atem mitgenommen wird, sonst wird die Umsetzung steif, äußerlich und roboterhaft. Und erst der Atem führt dazu, dass sich auch unsere Stimme mit dem Charakter verändert.

3.2.5 Körperliche Gewohnheiten

Körperliche Gewohnheiten prägen einen Menschen ungemein. Oft sind es gerade diese kleinen Gesten, Bewegungen und Routinen, die einem selbst nicht einmal bewusst sind, die aber nicht nur das äußere Erscheinungsbild prägen, sondern auch auf der unterbewussten Ebene zum Selbstbild und gar auch zu Handlungsweisen und charakterlichen Eigenschaften beitragen. Der von Jake Gyllenhal gespielte Detektiv im Film „Prisoners" zum Beispiel hat die Gewohnheit, immer wieder kurz und übermäßig fest, die Augen zu schließen. Diese Geste ist so intensiv, dass sie sich auf den Körper überträgt und schließlich die ganze Figur prägt.

Bei manchen körperlichen Gewohnheiten lässt sich im realen Leben kaum mehr sagen, ob die Geste ein Zeichen des Charakters ist oder ob umgekehrt der Charakter sich durch die Geste zeigt.

Eindrücklich nachvollziehbar ist das an gewohnheitsmäßigen Status-Gesten, zum Beispiel:

- sich selbst berühren

- andere berühren
- mit den Schultern zucken
- langsame Kopfdrehung

Wer im realen Leben gewohnheitsmäßig sich selbst berührt, wird als Tiefstatus wahrgenommen und wahrscheinlich auch so behandelt. Aber es ist nur schwer nachzuvollziehen, ob die psychische Tiefstatus-Kondition das Selbstberühren triggert oder die wiederholende Selbstberührung zu einem generellen Tiefstatus-Verhalten führt.

Wie so oft lohnt sich auch hier das Studium der realen Welt: Welche Mikro-Gewohnheiten prägen unsere Mitmenschen? Man betrachte zum Beispiel das Verhalten von Personen, die eine Lesebrille tragen, sie aber, wenn sie mit einem reden, nicht absetzen, sondern über den Rand schielen. Eine solche Geste wirkt leicht arrogant. Und da solche Leute oft Bürotätigkeiten ausüben, wird diese Geste mit überheblichen Beamten assoziiert. Menschen mit langem Seitenscheitel werfen die ins Gesicht hängenden Haare bisweilen mit einer schwungvollen Drehung aus dem Gesicht. Manche Leute ziehen quietschend Luft durch die Zähne. Andere beißen sich auf die Unterlippe oder drehen an ihrem Fingerring. All das prägt die Körpersprache und wirkt sowohl nach innen als auch nach außen.

Je aufmerksamer wir unsere Mitmenschen beobachten, umso reichhaltiger ist das Material, auf das wir zurückgreifen können. Bei ungewohnten Körperhaltungen oder -bewegungen lohnt es sich auch, sie kurz zu imitieren, um ein Gefühl dafür zu bekommen.

Übung Marotten nachahmen

Beim Gehen auf einer belebten Straße.

Beobachte eine Person, die dir entgegenkommt: Ihre Art zu gehen, ihre Mikro-Marotten.

> Sobald sie an dir vorbeigegangen ist, gehe weiter und ahme sie dabei so präzise wie möglich nach.
>
> Keine Sorge – in einer Menschenmenge fällt das niemandem auf.

Eine andere Möglichkeit, eine mentale Tic-Liste zu erstellen, besteht darin, dass wir unseren Körper scannen und Körperteil für Körperteil nach Tics untersuchen. Man nehme sich für jeden Körperteil Zeit. Allein mit der Oberlippe kann man ein paar wundervolle Minuten verbringen.

Entscheidend ist natürlich auch hier die Verbindung zum Atem. Der Charakter ist erst dann herausgearbeitet, wenn der Tic nicht äußerlich bleibt, sondern das innere Erleben beeinflusst.

Noch eine Anmerkung: Ich rate davon ab, vor einer improvisierten Szene das Publikum nach Tics oder Angewohnheiten als Inspiration zu fragen. Die Antworten sind oft geschmacklos oder vulgär.[20] Vielleicht gibt es noch einen schalen Lacher für die rülpsende, popelnde oder humpelnde Figur. Aber wenn man eine Figur derart vorführt, verliert sie ihre Tiefe und es wird einem auch kaum gelingen, sie innerlich zu erfassen.

3.3 Entwicklung aus der Stimmlichkeit

3.3.1 Beherrschung der grundlegenden Stimmtechnik

Die Stimmtechnik ist ein zentraler Punkt im Schauspiel, an dem leider viele Laien scheitern. Es kann dann sehr frustrierend sein, wenn man wunderbar miteinander improvisiert, aber nach der ersten Show das Feedback bekommt, dass man überhaupt nicht zu verstehen war.

Bühnensprache funktioniert anders als Alltagssprache. Ihr müsst unverstärkt, wenigstens in einem normalen kleinen Thea-

---

[20] Zum Thema Publikums-Vorgaben siehe *Improvisationstheater. Band 9: Impro-Shows*

ter zu hören sein, beim Publikum *Resonanz* erzeugen. Das Grundproblem liegt meistens darin, dass zu leise gesprochen oder die Stimme wegen falscher Atemtechnik überschrien wird. In beiden Fällen tritt zu viel Luft beim Sprechen aus.

Wenn du nicht gerade Naturtalent bist, das mühelos einen größeren Raum beschallen kann, empfehle ich dringend ein paar Stunden professionelles Gesangs- und Stimmtraining. Ein guter Trainer sollte in der Lage sein, eine durchschnittliche Stimme in zirka zehn Stunden zu halbwegs anständiger Bühnenreife zu bringen. Er sollte dem Schauspieler entsprechende Techniken an die Hand geben, auf die dieser bei den ersten Auftritten bewusst zurückgreifen kann, bis sich die entsprechenden Automatismen eingestellt haben.

Falls du zum Säuseln neigst oder regelmäßig mit Halsschmerzen die Bühne verlässt, solltest du mehr Zeit investieren. Da ein solches Training auf direktem Feedback beruht, werde ich hier nur einige wenige Grund-Übungen empfehlen:

Übung für die Bauchatmung[21]

Lege dich mit dem Rücken auf den Boden und lege eine Hand auf den Bauch.

Beobachte das Heben und Senken der Bauchdecke, ohne es zu forcieren.

Erhöhe nun leicht den Druck der Hand und spüre mit dem ganzen Körper der Veränderung des Hebens und Senkens nach.

Übung zur Lockerung des Kiefers, des Nackens und der Kehle

Gerader Stand. Füße parallel. Knie gelöst.

[21] Unter Bauchatmung verstehen wir, verkürzt gesagt, eine aktivierende, tiefe Atmung, die die Spannung in die unteren Bereiche verlagert und somit auch für eine Lockerung der oberen Partien (Nacken, Kehle, Unterkiefer) sorgt.

Körper ausschütteln. Lasse nun (ohne Stimme) die Lippen flattern.

Fällt das zu schwer oder flattern die Lippen nicht locker genug, schüttle noch einmal den Körper durch und achte danach auf einen lockeren Nacken.

Übung Stimmbänder und Körper aufwärmen

Dehne dich und seufze oder stöhne.

Dabei sollte so wenig wie möglich Luft entweichen. Es sollte kein „Wind", kein Hauchen, sondern lediglich die Stimme hörbar sein.

Übung Der Korken-Klassiker

(Normalerweise wird diese Übung mit einem Korken durchgeführt, ich empfehle aber, den eigenen Daumen zu nutzen.)

Lockere die Schultern.

Sprich einen oder zwei Sätze von mittlerer Länge, zum Beispiel: „Guten Abend! Ich freue mich, dass Sie es geschafft haben, auf unsere kleine Party zu kommen."

Beiß nun sanft auf deinen Daumen und wiederhole den Satz. Daumen raus und noch einmal wiederholen. Der Unterschied dürfte beträchtlich sein.

Beliebig oft wiederholen.

3.3.2 Spiel mit der Stimme

Um aus der Stimme heraus eine Figur entwickeln zu können, brauchen wir ein kindlich-spielerisches Verhältnis zur Stimme. Sie ist schließlich mehr als nur ein Werkzeug. Sie gleicht vielmehr einem äußerst flexiblen Musikinstrument, mit dem man die verrücktesten Klänge erzeugen kann: Sie kann voll und samtig klingen wie ein Cello oder quäkig wie ein Luftballon, aus dem man durch einen feinen Spalt Luft ausströmen lässt, schmetternd wie eine Trompete oder klagend wie eine singende Säge.

Wenn man im Spiel mit der Stimme ungeübt oder vielleicht etwas eingerostet ist, lohnt es sich durchaus, in die Extreme zu gehen, wie man es aus Cartoon-Serien kennt: Alt und knarzig versus jung und nasal.

Um diese Extreme auszuloten, lohnt es sich, die Stimme beizubehalten und nur einen Parameter zu verändern, zum Beispiel die Tonhöhe, den Grad der Verführung/Ablehnung, die Geschmeidigkeit. Stimmlicher Gestus ist natürlich mit Emotionen verknüpft. Also kann man hier schon mal nachspüren, welche stimmliche Qualität zu welcher Emotion führt oder umgekehrt.

3.3.3 Stimme führt, Emotion und Körper folgen

Wenn wir von der Stimme aus den Charakter bauen, heißt das nicht, dass der Körper jetzt nun eine untergeordnete Rolle spielen würde. Vielmehr folgt der Körper unmittelbar dem Impuls der Stimme.[22]

> In einer Szene, in der es um die Angst vor Küchengeräten ging, assoziierte Markus aus irgendeinem Grund „Robert Smith von *The Cure*": Seine Stimme wurde hoch und gepresst, der Körper folgte dem Impuls und seine Bewegungen wurden spinnenhaft.

Um die Stimme führen zu lassen, brauchen wir ein höchst sensibles Körpergespür. Die Stimme darf nicht losgelöst vom Körper sein. Das heißt, wir beobachten unseren Körper, was er tut, wenn er der Stimme die Basis gibt. Diese Grundbewegungen verstärken wir.

> **Übung Stimme führt, Körper folgt**
>
> Es genügt ein einziger, beliebiger Dialogsatz, der lang genug ist, um dem Körper Bewegungszeit zu geben und der offen genug ist, um verschiedenen emotionalen Grundtönungen Platz zu machen, etwa: „Doktor Pausenberg, möchten Sie

[22] Gute Synchronsprecher werden bei ihrer Tätigkeit übrigens sehr körperlich.

nicht am nächsten Wochenende eine Partie Bridge mit uns spielen?"

Sprich den Satz in verschiedenen stimmlichen Farben und schau, wohin dich deine veränderte Körperlichkeit führt.

Man experimentiere mit folgenden Stimm-Varianten:

hoch versus tief

hell versus dunkel

locker versus gepresst

klar versus rau

kehlig versus bauchig

singend versus monoton

Wem der Zugang zur Stimme schneller gelingt als der Zugang zum Körper, kann übrigens auch von hier aus den Weg ins Tierisch-Körperliche finden. Zum Beispiel erinnert mich der klagend-nasale Ton des Wienerischen an das Maunzen einer Katze, und schon bin ich im Körperlichen.

3.4 Entwicklung aus der Sprache

3.4.1 Dialekte und Mundarten

Dialekte und Mundarten katapultieren uns ziemlich rasch in eine Figur. Mit einem Dialekt geht auch oft eine bestimmte Weltsicht einher, die der Figur eine klare Kante gibt. Dieser geistige Oberbau korrespondiert wiederum mit dem körperlichen Unterbau, den der dialektische Gestus mit sich bringt.

Dabei ist die Körperlichkeit nicht unbedingt eindeutig durch den Dialekt vorgegeben. Die Dialekt-Haltung lässt uns vielmehr leichter in die Körperlichkeit schlüpfen.

Man vergleiche etwa die Berliner Humoristen Kurt Krömer und Harald Juhnke. Während Juhnkes Paraderollen sich in einem schnoddrig-jovialen Hochstatus wohlfühlten, praktiziert Krömer einen aggressiven Tiefstatus. Gerade bei letzterem spürt man, wie sich die ganze Figur aus der Sprachlichkeit des gepressten Berlinerisch entwickelt. Krömer zeigt sich und der Welt: „Jetzt bin ich mal mutig“, bleibt aber körperlich in der Tiefstatus-Defensive. Der bayrische Komiker Karl Valentin wiederum drehte ebenfalls den jovial-bäuerlichen Gestus des Bayrischen in etwas Eigenes: In Verbindung mit der dürren Gestalt Valentins wurde sein Bayrisch zur Stimme des Hypochonders. Und gerade wenn er versucht, Hochdeutsch zu reden (der bayrische Akzent bleibt natürlich immer bei Valentin erhalten), verfängt er sich in den Fallstricken der deutschen Sprache.

Als guter Ausgangspunkt eignet sich natürlich zunächst der eigene Heimat-Dialekt beziehungsweise der Dialekt der Umgebung. Gerade emotionale Figuren lassen sich wunderbar damit entwickeln. Nutzt Typen, denen ihr täglich begegnet: Der Busfahrer, die Verkäuferin, die Nachbarin. Ahmt ihr Sprechen nach, und ihr werdet ihr Empfinden leichter nachvollziehen. Gerade im eigenen Heimat-Dialekt wird man auch rasch Varianten finden: Die eigenen Eltern sprechen anders als die Schulfreunde, sie benutzen bestimmte Wörter, die eine ganze Weltsicht transportieren. Dialekte äußern sich auch bisweilen als Soziolekte. So ist es in manchen Gegenden ein Zeichen proletarischer Zugehörigkeit, Dialekt zu sprechen. Insofern kann man mit Dialekten ganze Milieu-Gruppen erschließen.

Für Spezialisten: Einen komischen Effekt hat das Bemühen von Dialekt-Sprechern, in bedeutungsvoll aufgeladenen Kontexten, die Spuren des eigenen Dialekts zu verwischen.[23]

Für Impro-Spieler lohnt es sich, Dialekte und Mundarten zu studieren, und zwar so praktisch wie möglich. Einen Dialekt

---

[23] Ich erinnere mich daran, wie an der Bar eines Berliner Restaurants, das sich mit aller Kraft einen edlen Touch zu geben bemüht war, der Bartender einen Gast fragte: „Daarf ich Ihnen noch einen Cocktejel des Hauses empfehlen? Der ist eine eigne Kreaziohen!“

lernt man nicht aus Büchern, man muss ihn sich anhören, immer und immer wieder und sich trauen, ihn nachzumachen.

Als Faustregel möchte ich hinzufügen: Vermeidet auf der Bühne Dialekte, die ihr nicht wirklich beherrscht. In den Ohren derer, die den Dialekt selbst sprechen, klingt das sonst meistens ziemlich grausam. Dabei lasse man großzügig Ausnahmen zu, zum Beispiel bei Impro-Games, in denen es genau darum geht, alle möglichen Dialekte auf der Bühne zu behaupten und dabei heiter zu scheitern.

Das Nachmachen darf sich nicht auf Regel-Formalien stützen. Man muss das Ohr immer wieder mit der Realität abgleichen. Dann kommt man nämlich bald dahinter, dass zum Beispiel die Bayern die berühmte Alpenblume mitnichten „Edelwoaß“ nennen und die Berliner auch kein „Fleesch“ bestellen.

Noch ein Wort zu dialektspezifischem Vokabular: Diese Begriffe sind allenfalls das Sahnehäubchen auf dem Dessert. Ja, der Berliner nennt die Brötchen „Schrippe“, und der Schwabe nennt sie „Weckle“, aber das zu benutzen macht noch nicht den spezifischen Ton aus. Man kann schwäbische Begriffe berlinerisch aussprechen und umgekehrt. Erst der Klang macht das Echte.

Es gibt einen Satz, der den Unterschied zwischen den größeren Mundart-Varianten im Deutschen verdeutlicht: „Das weiß ich auch nicht.“ Als Einstieg kommt man mit dieser Variante recht flink in den Sprechgestus:

- Bayrisch: Des woaß i aa net.
- Berlinerisch: Dit weeß ick ooch nich.
- Hessisch: Des waas isch aa nedd.
- Kölsch: Dat weiß isch ooch nid.
- Plattdeutsch: Dat weeß ik ook nit.
- Sächsisch: Dis weeßsch oo ni.
- Schwäbisch: Des weiß i au nedd.

Für uns Impro-Spieler sind Dialekte, wenn wir sie zu nutzen verstehen, ein wahres Geschenk, denn sie evozieren regelrecht eine bestimmte emotionale Grundhaltung. Dabei ist es natürlich ziemlich irrelevant, ob diese Haltung „richtig“ ist oder nicht. Der stereotype Sachse hat eher etwas Gemütliches, der Bayer etwas Bäuerliches, und der Berliner trieft vor Selbstgerechtigkeit. All dies spiegelt sich im Dialekt wider. Aber ob wir diese Grundhaltungen benutzen oder ob wir sie gegen den Strich bürsten, ist egal. Und ich bin mir sicher, dass sich viele Sachsen, Bayern und Berliner in dieser klischeehaften Beschreibung überhaupt nicht angemessen beschrieben empfinden. Entscheidend ist, dass wir als Spieler den Dialekt nutzen, um aus ihm eine Haltung zu destillieren, die *für uns* emotional stimmig ist.

3.4.2 Akzente

Im Gegensatz zur Mundart oder zum Dialekt ist der Akzent die Art und Weise, in der man versucht, eine fremde Hochsprache zu sprechen. Sich Fremdsprachler anzuhören, die sich in deiner Muttersprache versuchen, ist nicht nur amüsant, sondern enorm lehrreich,[24] auch für unsere allseits beliebten Impro-Kauderwelsch-Szenen. Man achte beim Nachmachen auf folgende Aspekte:

1. Laut-Platzierung
   Jede Sprache (und jeder Dialekt) hat einen bestimmten Platz im Mund, an dem vorzugsweise die Vokale und Konsonanten gebildet werden, eine Art gefühlte Mundspannung. Nehmen wir das Französische: Die relative Häufigkeit geschlossener Vokale wie „Ü“, „U“, „I“ führt zu einer gewissen Spitzmündigkeit, während das Kehl-R und die häufigen Nasal-Laute wie in „mon“ eine Spannung im hinteren Bereich erzeugen. Im Sächsischen wie-

[24] Übrigens auch fürs Fremdsprachen-Lernen: Wenn man etwa als Deutscher Russisch lernen möchte, höre man Russen beim Deutschsprechen zu und ahme deren spezifischen Singsang und die Formung der Laute nach.

derum erzeugt man die Konsonanten auch vorzugsweise im hinteren Bereich der Mundhöhle. Gleichzeitig aber hängt der Kiefer locker und breit beim Erzeugen der Vokale, was ihnen eine dunkle Färbung gibt.
Mit dieser „Platzierung“ zu spielen, gibt einem schon mal ein gutes Grundgefühl für den Akzent.

2. Melodie:
   Jede Sprache hat eine spezifische Melodie, die auf die Ohren des Nichtsprechers eigenwillig wirkt. Im Italienischen zum Beispiel werden fast alle Wörter auf der vorletzten Silbe betont, und man hat das Gefühl beinahe jedes Wort ist ungeheuer wichtig und müsste gesungen werden. Das führt zu einer Abwärts-Melodie am Ende jedes Wortes, die wie die Kuckucks-Terz klingt. Das Ungarische hingegen klingt für uns fast monoton. Die Wörter verändern beim Aneinanderreihen kaum ihre Tonhöhe. Erst im Laufe des Satzes gibt es einen kaum merkbaren Anstieg und Abfall. Perser stellen das Verb ganz ans Ende ihres Satzes, der dann eben auch erst am Ende richtig betont, gedehnt und „gesungen“ wird.
3. Rhythmus
   Schon deutsche Akzente weisen unterschiedliche Rhythmen auf, die einem vielleicht nicht sofort auffallen, da die klanglichen Unterschiede markanter sind. Aber wenn man zum Beispiel das federnde Plattdeutsch oder das fast staccato-artige Berlinerisch mit dem entspannten Sächsisch oder Hessisch vergleicht, wird einem klar, wie entscheidend diese Unterschiede in den Akzenten ist.
4. Referenz-Wörter und -Sätze als Abkürzung
   Hat man die Sprache halbwegs in Ohr und Zunge, hilft ein kleiner Hilfssatz, bisweilen auch ein Wort, um sich in Sprache und Sprachgestus hineinzukatapultieren. Für die meisten dürfte der italienische Aussprache-Gestus durch

die hinlänglich bekannten Begriffe aus der Gastronomie schnell zu rekapitulieren sein: „Grazie, Signora!" „Gelati, Spaghetti ..." Fürs Russische hilft mir das klagende „Nu, Serjoscha, dawai!" („Jetzt mach schon, Serjoscha!"). Um schnell ins Französische zu rutschen, benutze ich die beiden Namen Francois und Julie (Francois für die Kehl-Platzierung der Konsonanten und Julie für die Zungenspitzen-Platzierung der Vokale).

5. Als Ausländer hat man mit der Formung einiger Laute Schwierigkeiten, die es in der eigenen Sprache nicht gibt oder die dort anders ausgesprochen werden. Typisch und für jeden im Ohr ist das englisch gerollte Zungen-R. Die Aussprache-Unterschiede sind bisweilen auch recht fein und schwer zu benennen. Niederländer und Flamen zum Beispiel aspirieren ihre harten Verschluss-Konsonanten P, T, K nicht, was zu einer Aussprache führt, wie man sie aus dem Kölschen kennt.

3.4.3 Sprechen Franzosen in Frankreich mit französischem Akzent?

Es hat sich in einigen Impro-Gruppen eingebürgert, Szenen, die im Ausland spielen, mit einem entsprechenden Akzent zu versehen, was überhaupt keinen Sinn ergibt: Wenn sich zwei Franzosen in Frankreich auf Französisch unterhalten, tun sie das akzentfrei in ihrer Muttersprache. Theaterstücke von Molière oder Sartre werden übersetzt, und Regisseure, die auf die Schnapsidee kämen, den Spielern einen Akzent aufzudrücken, würden von der Theaterkritik verrissen. In Filmen sieht man diese Marotte allenfalls bei geschmacklosen Bearbeitungen oder in einigen alten amerikanischen Kriegs- oder Spionagefilmen, in denen die Deutschen auch untereinander Englisch mit deutschem Akzent sprechen.

Lasst es einfach sein. Man spricht mit Akzent, wenn man nicht in seiner Muttersprache redet, wenn man Fremder ist. Unter seinesgleichen tut man es nicht.

3.4.4 Weitere sprachliche Gewohnheiten

3.4.4.1 Soziolekte

Die Sprache verrät viel über die soziale Herkunft, aber auch darüber, zu welcher sozialen Schicht man sich zugehörig fühlt und zu welcher man gehören möchte.

Um Soziolekte zu nutzen, braucht man ein aufmerksames Ohr. Aber wir brauchen nicht unbedingt selbst einer bestimmten sozialen Gruppe anzugehören, um ihren Soziolekt einigermaßen aufzugreifen und zu nutzen.

Unterschichten-Soziolekte neigen zu simplen Satz-Konstruktionen und simplem Vokabular. Sie benutzen wesentlich mehr emotionale Ausrufe. Sie neigen somit zu Unterkomplexität und Vulgarität. Letzteres kann etwas problematisch werden, da schließlich die Szene selbst nicht vulgär und unterkomplex sein soll. Hier lohnt sich ein Blick in die dramatische Literatur. Nehmen wir Shakespeare, Brecht und Tarantino. Allen dreien ist gemeinsam, dass ihre plebejischen Figuren in der Thematik häufig vom Körperlichen ausgehen: Essen, Gewalt, Sex. Alles Weitere – Intrigen, Politik, Verbrechen – leitet sich davon ab. Shakespeare (in seinen Komödien) und Brecht (in seinen späteren Stücken) gehen soweit, eigene Soziolekte oder Dialekte zu erschaffen. Tarantinos lässt seine Charaktere teilweise über Banalitäten reden, die dann philosophische Komik entwickeln, während sie wie nebenbei eine Kanonade von Flüchen ablassen. Wir können uns also aus der Realität bedienen,[25] aber Flüche

[25] Ich rate ab von medial vermittelten oder gar medial erschaffenen Schimpfwörtern und Flüchen. Vermeide das Klischee. Vermeide das „Jugendwort des Jahres". Was wird *wirklich* gesagt? Was ist das Muster hinter dem Fluch?

und Schimpfwörter durchaus auch selbst erschaffen, denn genau das passiert eben auf dem Schulhof.

In bestimmten Situationen will der Unterschichtler nicht als Angehöriger dieser Schicht erkannt werden, aber kann seiner Sprache so wenig entfliehen wie seiner Haut. Es ist ein altes und immer noch wirksames komisches Mittel, diese Fallhöhe darzustellen: Falsch ausgesprochene oder falsch benutzte Fremdwörter, sich in komplizierten Satzkonstruktionen verhakeln usw.

Die Darstellung gebildeter Personen oder ausgesprochener Oberschicht-Angehöriger verlangt einen anderen Fokus, zumindest wenn es um Standard-Situationen geht: Ein Pfarrer, der eine Trauerrede hält, eine Königin, die einen treuen Untertan zum Ritter schlägt, ein Außenminister, der einen Botschafter trifft, ein Wissenschaftler, der einer Kommission von seiner Entdeckung berichtet. Gerade dadurch, dass diese Art der Sprache überhöht ist, dass sie nicht alltäglich ist, macht sie so interessant. Natürlich werden wir vieles behaupten müssen, da wir die konkreten Procedere meist nicht bis ins Detail kennen. Aber wir sollten uns nicht mit Albernheiten vor der Problemlösung drücken, sondern sämtliche emotionalen und inhaltlichen Assoziationskanäle öffnen. Begib dich in die Figur hinein: Wie würden wir, wenn die ganze Welt zuschaut, eine qualifizierte Rede halten? Wie sehen wir das Verhalten vor uns? Welchen Tonfall haben wir aus ähnlichen Situationen im Ohr?

3.4.4.2 Vorliebe für bestimmte Phrasen

Manche Leute haben die Marotte, einen begründenden Satz mit der unabgeschlossenen Einleitungsformel „von daher …“ abzuschließen. Dieser sprachliche Spleen ist typisch für ein gewisses Milieu, das sich gewählt ausdrücken will, aber dann nicht die Kraft aufbringt, den Satz zu beenden.

Im Soziotop von Sachbearbeitern kann man beobachten, wie sich die bürokratische Schriftsprache in das gesprochene Wort einschleicht. Da ist dann selbst in alltäglichen Zusammenhängen von „Zeitfenstern", „implementieren", „Geldern" und so weiter die Rede.

Häufig genutzte Phrasen charakterisieren einen Menschen, da sie viel über seine Denkweise verraten, selbst wenn es nicht um bewusst genutzte Redewendungen, Sprüche und Lebensweisheiten geht, sondern um lapidar eingestreute Halbsätze und Wortgruppen. Eine Bekannte von mir war unfähig, einfach mit Ja zu antworten, wenn man sie nach etwas fragte, stattdessen hörte man immer: „Von mir aus."

„Wollen wir heute schwimmen gehen?"

„Von mir aus."

„Soll ich die Kinder auch einladen?"

„Von mir aus."

„Ist dir das auch wirklich recht?"

„Ja, schon."

„Also, ich ruf sie jetzt an."

„Von mir aus."

Mit sprachlichen Gewohnheiten dieser Art schützt man sich einerseits, um die Komplexität des Lebens wenigstens per sprachliche Attitüde in den Griff zu kriegen, andererseits verraten sie, wie die Person auf die Welt blickt.

3.4.4.3 Sprachfehler

Ich denke, mit regelrechten Sprachfehlern wie Lispeln oder Stottern sollte man im Improtheater eher sparsam umgehen, und im Grunde erwähne ich sie hier auch nur der Vollständigkeit halber, da sie im Improtheater manchmal genutzt werden, um einen schnellen Lacher zu erzielen. Meine Faustregel für solche „Features": Wenn du die Figur bloßstellst, lass die Finger davon. Nur wenn du die Figur mit all ihren Eigenschaften wirklich liebst und die Szene es wirklich erfordert, kannst du es in Erwägung ziehen.

3.5 Die Sicht auf die Welt

3.5.1 Emotionale Gewohnheiten

Mark Twain schrieb einmal, dass Menschen ab einem bestimmten Alter für ihr Gesicht selbst verantwortlich sind. Meine frühere Hausverwalterin hatte ein Gesicht wie eine aggressive Bulldogge. Gram, Menschenverachtung und Lebenshass schienen sich in ihr Gesicht eingegraben zu haben. Als ich sie eines Tages zufällig in Gegenwart ihrer Freunde kurz lachen sah, überdeckte das Lachen nur kurz ihre Gehässigkeit. Wenn man im Gegensatz dazu das Gesicht des Dalai Lama betrachtet, so muss man sich unwillkürlich fragen, ob man ihn je *nicht* lächelnd gesehen hat. Ich frage mich manchmal, wie kann dieser Mann, der so viel Kummer und Leid gesehen und so viele politische Misserfolge erlebt hat, mit einem so heiteren Gemüt durch die Welt gehen? Die Antwort ist: Emotionen sind nicht nur „natürliche“ Impulse; Sie werden auch trainiert. Menschen konditionieren sich selbst. Nimmt man andere Menschen tendenziell als Zumutung und Belastung wahr? Oder als Überraschung und Glück?[26]

Diese Grundhaltungen bestimmen unser Leben und machen unseren Charakter aus: Jemand, der andere tendenziell für ihr Glück bewundert, hat eine andere emotionale Grundtönung als jemand, der sie beneidet.

Man kann das für alle möglichen Emotionen durchdeklinieren. Für uns Improvisierer gilt es, diese emotionalen Gewohnheiten herauszuarbeiten. Man kann, wenn man den Charakter

[26] Wir Improvisierer erleben diese Neukonditionierung bei jeder Probe und jeder Show: Die Angst vor dem Unbekannten, die in unserem emotionalen Code enthalten ist, programmieren wir immer aufs Neue um. Wir lernen das Unbekannte zu lieben.

etabliert, sich sofort auf eine Emotion stürzen und diese als Grundtönung nutzen. Oder man verlässt sich auf die erste Situation, die eine emotionale Situation schafft und nutzt dann das, was gewissermaßen direkt vor einem liegt.

Wenn man einen Charakter erschafft, dem eine prägende Emotion zugrunde liegt, ist es natürlich wichtig, dass er nicht eindimensional bleibt: Auch der Dalai Lama wird einmal traurig. Auch meine Ex-Hausverwalterin amüsiert sich mal oder genießt es, in der Badewanne zu liegen. Von Naziverbrechern wird immer wieder mit Erstaunen berichtet, wie liebevoll viele von ihnen mit ihren Kindern oder Haustieren umgegangen sind. Erst wenn wir diese Komplexität zulassen, erschaffen wir reale Charaktere statt Abziehbilder.

Welche Emotionen also „standardmäßig“ abgerufen werden, macht die Persönlichkeit (d.h. den „Charakter“) aus.

3.5.2 Glaubenssätze und Haltungen

Auf längeren Fahrten im dichten Verkehr sind fast alle Autofahrer irgendwann gestresst. Aber *was* sie nervt, unterscheidet sie. Die einen sind eher genervt von Dränglern, die anderen von Bummlern. Aus einer relativ kleinen emotionalen Disposition ergibt sich somit ein Blick auf die Welt. (Für einen Drängler sind alle anderen Bummler, für einen Bummler alle anderen Drängler.)

Politische Überzeugungen sind zwar einerseits geprägt durch die soziale Peer-Group, aber auch vom Glauben daran, ob man die Welt unbedingt aktiv zum Besseren verändern müsse oder ob Eingriffe in die gegebene soziale Ordnung nur für zusätzlichen Kummer sorgen. Konservatismus oder Progressivität sind somit meistens nicht auf ein Thema beschränkt, sondern ziehen sich als Haltung durch verschiedene Lebensbereiche.

Oft sind es auch prägende Lernerlebnisse, die einen Menschen formen. Wer etwa in Kindheit und Jugend materielle Not erlebt hat, könnte dazu neigen, später die Bedeutung von Geld überzubewerten. Wer als junger Mensch von nahestehenden Menschen verlassen wurde, könnte später zum Klammern neigen. Die eigenen Haltungen und Gewohnheiten erscheinen dem einzelnen Menschen jedoch meist als normal und nicht unbedingt biographisch bedingt. Dieses Gefühl von Normalität müssen wir in die Darstellung der Figuren übernehmen. Selbst Mörder oder Mafia-Bosse neigen dazu, ihre Handlungen zu rationalisieren. Sie sehen sich nicht unbedingt als „böse", sondern konstruieren sich ihre Berechtigung. Einen Schurken muss man daher nicht disneymäßig überzeichnen (mit brutalem Lachen sich die Hände reiben), sondern kann ihn als Menschen mit „spezieller Perspektive" darstellen.

Wenn wir uns wirklich auf die Perspektive eines Charakters einlassen, gelingt es uns auch eher, uns selbst zu überraschen, ohne dabei willkürlich zu werden.[27] Wenn man sich hingegen nur auf den Plot oder eine Storystruktur verlässt, werden die Figuren platt und vorhersehbar. Bisweilen trifft man im Improtheater (und im kreativen Schreiben) auf die Formulierung „character driven story". Genau das ist damit gemeint: Der Charakter führt zur Entwicklung der Story.

Game Du bist dein Beruf

Zwei Spieler bekommen jeweils eine berufliche Tätigkeit zugeordnet (zum Beispiel Lehrerin und Gärtner), ohne die Vorgabe für den anderen Spieler zu hören. In der Szene, die außerhalb des beruflichen Tätigkeitsfeldes spielen sollte, zum Beispiel ein erstes Date, lassen sich die beiden in ihrer Interaktion von ihrer beruflichen Perspektive stark beeinflussen. Zum Beispiel könnte die Lehrerin immer wieder einfachste Dinge sanft erklären oder dem Gegenüber androhen, das

[27] Roman- und Drehbuchautoren berichten von dieser Art des kreativen Schreibens: Sich so auf die Figuren einlassen, dass man zulässt, von ihnen überrascht zu werden.

Handy „einzusammeln", wenn er es nur noch ein einziges Mal herausnimmt.

3.5.3 Charakter der Protagonisten

Protagonisten zu spielen, ist nicht immer einfach. Das Publikum soll mit ihnen mitfiebern, zumindest aber mit ihnen mitfühlen[28]. Die Protagonisten gehen an Stelle des Publikums auf die Reise, erleben Konflikte und wachsen an ihnen.[29] Aus der rein schauspielerischen Sicht sind hier einige Dinge zu beachten.

1. Der Protagonist muss positiv genug sein, damit man mit ihm mitfiebern kann. Im Improtheater werden Helden bisweilen zu arrogant dargestellt. Brutalität in den Genres Abenteuer, Krimi oder Western versetzt uns in Distanz, selbst wenn es das Blut des Oberschurken ist, das vom Schwert des Helden tropft. Das heißt, wir müssen mindestens eine zarte, zerbrechliche Seite sehen. Ebenso abträglich ist permanente Übellaunigkeit. Auch wenn das Leid des Helden riesig ist, sollte er sich wenigstens an einem Schmetterling erfreuen oder sich verlieben können.
2. Die Hauptfigur muss proaktiv sein. Es genügt nicht, wenn sie Probleme bekommt, die sich irgendwann verflüchtigt haben oder die andere für sie lösen.
3. Der Held sollte nicht alles überstrahlen. Jemand, der nur gut ist, der alle Probleme ohne Schwierigkeiten meistert, ist zu entrückt von uns, um seine Handlungen nachzuvollziehen. Außerdem wird die Story uninteressant: Jemand, der keine Hindernisse kennt, kann nicht wach-

---

[28] Ich glaube, dass man sich als Zuschauer nicht unbedingt mit der Hauptfigur „identifiziert". Allerdings empfinden wir Empathie im Sinne von „Wie würde ich an ihrer Stelle handeln?"

[29] Siehe auch *Improvisationstheater. Band 5: Storys Improvisieren*

sen. Selbst Superhelden haben ihre schwachen Momente.

Kurz gesagt: Spielt eure Helden nachvollziehbar. Positiv genug, damit man sich mit ihnen mitfühlen kann. Schwach genug, damit sie wachsen können.

3.6 Charakter-Inspirationen aus realen Personen

Reale Personen sind fürs Erschaffen von Charakteren eine wunderbare Inspirationsquelle, die man auf Impro-Bühnen zu selten sieht. Wenn sie dann einmal auftauchen, ist es ungeheuer erfrischend, sie zu erleben. Man ist viel dichter an einer wahrhaftigen Welt. Das Als-ob, mit dem man es im Theater immer wieder zu tun hat, verliert eine Distanzierungsschicht.

3.6.1 Keep it real

Wenn wir unsere Charaktere aus realen Personen erschaffen, stellt sich die Frage: Inwiefern kennst du als Schauspieler diese reale Person selbst? Und hier gibt es drei Ebenen:

1. Du kennst sie persönlich.
2. Du kennst sie als prominente Person über Massenmedien.
3. Die Person ist selbst eine Kunstfigur, deren Darstellung du aus Film, Fernsehen oder von der Bühne kennst.

„Keep it real!“. Die vier Polizisten, die ich jeden zweiten Tag in meiner Nachbarschaft am Imbiss sehe, haben mit Film-Polizisten nur wenig zu tun. Jeder von ihnen hat seine spezielle Art, mit seinen Kollegen oder mit Besuchern des Imbiss zu kommunizieren. Ein realer Polizist ist immer eine echtere und somit auch berührendere Figur als die Kopie einer Kopie aus der dritten Ebene.

Wieviele Kabarettisten haben sich an der früheren Bundeskanzlerin Merkel versucht. Die herabhängenden Mundwinkel und die zur Raute gefalteten Hände waren schon Zeichen genug, um als Merkel-Parodistin durchzugehen. Aber wenn man diese Frau tatsächlich darstellen will, sollte man sie auch beobachtet haben: Wie bewegt sie sich? Wann benutzt sie welche Status-Gesten? Wie spricht sie? Welche Denkweisen und Gefühlswelten offenbaren sich durch diese Bewegungen und Gesten? Erst wenn du dir diese Arbeit gemacht hast, ist die Nachahmung kraftvoll genug, um sie auf der Bühne mit Gewinn einzusetzen.[30]

3.6.2 Reale Personen, aber wie?

Nachahmung ist die vielleicht ursprünglichste Form der Kunst. Wenn Kinder ihre Lehrer nachäffen, ist das einer der ersten Schritte zum Schauspiel. Auch wenn das Nachäffen eine Vergröberung ist, so können wir als Schauspieler immer wieder auf diesen mimetischen Instinkt zurückgreifen.

Übung Person nachahmen

Ein Spieler auf die Bühne.

Wähle eine Person, die du gut kennst.

Besinne dich auf

ihre körperliche Haltung

ihre Stimme und Sprechweise

ihre Sichtweisen und emotionalen Gewohnheiten

Halte einen Vortrag zu einem beliebigen Thema.

---

[30] Ich halte Parodien für eine recht schwierige und arbeitsaufwendige Darstellungsform. Zunächst zieht die Parodie den Fokus auf sich. Man betrachtet die Parodie mit Freude, wenn sie gut ausgeführt ist, oder verärgert, wenn sie misslungen ist, aber sie lenkt tendenziell vom Drumherum ab. Wenn wir also vom Publikum den Vorschlag „Angela Merkel" hören, werden wir wahrscheinlich umlenken in „eine Bundeskanzlerin", um dem Zwang des Parodierens zu entkommen. Aber wenn ihr gut im Parodieren seid, ja, wenn das sogar eure Stärke ist, will ich davon auch nicht abraten. Man sollte sich nur, wie bei jedem Game, der Chancen und der Fallstricke bewusst sein.

Dieser mimetische Instinkt lässt sich nicht mit ein, zwei Übungen am Leben halten. Um ihn zu nutzen, muss er uns in Fleisch und Blut übergehen. Und dafür müssen wir unsere Beobachtungen schärfen: Wie sprechen die Menschen um uns? Wie bewegen sie sich? Welche Perspektiven offenbaren sich? Wenn ich meinen Verstand so konditioniere, dass jede Beobachtung auch gleichzeitig Inspiration ist, wird mir die Nachahmung gleichsam zur zweiten Natur.

Übung Straßen-Synchro

Diese Übung wird draußen am besten zu zweit auf der Straße oder an einem belebten Ort durchgeführt.

Beobachtet ein anderes Paar, das miteinander kommuniziert und so weit entfernt ist, dass es euer Beobachten nicht wahrnimmt und dass ihr es nicht hören könnt.

Synchronisiert es.

Nehmt ihre (mutmaßlichen) Stimmen an und verstärkt die Emotionen.

*

Was immer wir auch als Ausgangspunkt für unsere Figuren nehmen – die Stimme, den Körper, eine Grundhaltung – das alles ist nur der Kickstarter für die Entwicklung des Charakters, nicht der Charakter selbst. Unsere Aufgabe als Improvisierer besteht darin, herauszufinden, was das für eine Person ist, die wir verkörpern: Wenn du gemütlich wie ein Bär raumgreifend die Szene betrittst, was ist dann außerdem wahr für diese Figur? Wie verhält sie sich etwa, wenn man sie zu Unrecht beschuldigt? Und wie, wenn die Beschuldigung zu Recht geschieht? Wie, wenn man ihr eine Liebeserklärung macht? Die Antworten auf diese Fragen finden wir nicht durch Nachdenken heraus, sondern durch empfindsames und neugieriges Spielen mit dem, was bereits vorhanden ist – der eigenen physisch-emotionalen Reaktion auf das Angebot des Mitspielers.

3.7 Spezifisch sein

3.7.1 Herausfinden

Im klassischen Schauspieltraining muss alles einen Grund haben: Warum reagiert die Figur auf diese Weise (und nicht anders)? Warum setzt sie sich auf diesen Stuhl? Warum erhebt sie sich? Und der Schauspieler muss diese Gründe kennen.

Im Improtheater funktioniert das nicht. Nehmen wir an, du setzt dich in einer Eröffnungsszene, in der nichts weiter vorgegeben ist, auf den Stuhl und hast die Assoziation: „Ich bin ein alter Spanier, der gerade erschöpft ist, weil er die Ziegen gemolken hat." Das ist zwar wunderbar, aber du solltest diesen Gedanken nicht fixieren. Denn wenn deine Partnerin auf die Bühne kommt und sagt: „Nun lass den Kopf nicht hängen. Wegen eines missratenen Konzerts musst du ja nicht deine Oboisten-Karriere an den Nagel hängen", dann könnte es problematisch werden.

Das heißt, es ist okay, Assoziationen und Bilder zuzulassen, aber diese sind wie Blätter in einem Bach – sie kommen und gehen, und wir können darauf vertrauen, dass, wenn einer fortschwimmt, ein neuer kommt. Wir sollten nicht an unseren inneren Bildern und „Gründen" klammern. Anstatt nun also zu versuchen, auf Biegen und Brechen das Bild des erschöpften Ziegenmelkers mit dem des enttäuschten Oboisten zusammenzuführen,[31] lässt du es einfach fallen. Wenn deine Mitspielerin in dir einen Oboisten sieht und dies artikuliert, dann ist das die Wahrheit eurer Szene.

Wir sollten aber nicht das Kind mit dem Bade ausschütten. Denn der Grund, warum im Method Acting diese spezifische Form des Bescheidwissens gefordert wird, ist, dass unfokussierte

[31] Die kreative Energie für solch absurde Rechtfertigungen haben die meisten Impro-Spieler. Die größere Kunst aber besteht im Loslassen.

Schauspieler auf der Bühne oft herummäandern. Wenn sie innehalten, etwa indem sie sich auf den Stuhl setzen, dann wirkt es so, als müssten sie abwarten, bis sie wieder dran sind. Wenn wir also eine Figur und ihre Handlung etablieren, sollte sie fokussiert sein. Aber wir müssen nicht wissen, sondern *herausfinden,* was mit ihr los ist. Das kann, wie im Beispiel, in Kooperation mit der Mitspielerin geschehen oder auch allein. Dafür aktivieren wir unser physisches Assoziationsfeld. Die Method-Schule spricht hier von affektiver und sinnlicher „Erinnerung". Diese Erinnerungen sind gewiss wichtig, wenn man sich im Übungs-Modus bestimmte emotionale oder pantomimische Vorgänge vergegenwärtigen will, auf der Bühne aber ist das Sich-Erinnern ein zu langer, ein zu nachdenklicher Prozess. Wir müssen rasch assoziieren und dürfen diese Assoziationen nicht bewerten oder gar analysieren. Wenn du dich also auf den Stuhl fallen lässt, kannst du nicht lange überlegen oder versuchen, dich zu erinnern, wie es denn gewesen war, als du dich schon mal auf einen Stuhl hast fallen lassen. Vielmehr brauchst du physisch-sinnliche und bildliche Assoziationen:

Ich gehe zum Stuhl.

Ich lasse mich auf den Stuhl fallen.

Ich assoziiere physisch-sinnlich Erschöpfung.

Ich assoziiere schwere Arbeit.

Ich assoziiere bäuerliche Arbeit.

Ich assoziiere bildlich Ziegen in Spanien.[32]

Wie wir im Oboisten-Beispiel gesehen haben, können die Hintergründe auch zu zweit (oder in der Gruppe) herausgefunden

---

[32] Warum gerade Ziegen und Spanien assoziiert werden und nicht etwa Kühe und Schleswig-Holstein, ist völlig irrelevant. Assoziationen müssen weder fürs Publikum noch für den Spieler selber unmittelbar nachvollziehbar sein.

werden. Gemeinsam herausfinden heißt jedoch nicht, dass wir nur kleine Schritte gehen dürfen. Seid spezifisch. Behauptet!

> A sitzt zusammengesunken auf dem Stuhl. B kommt hinzu.
>
> **B:** „Nimm es nicht so schwer."
>
> **A:** „Der Dirigent hat mich ignoriert."
>
> **B:** „Du bist der Beste auf deinem Instrument."
>
> **A:** „In unserem Orchester? Vielleicht."

Die beiden Spieler gehen zwar aufeinander ein. Aber der Dialog bleibt seltsam abstrakt. Wie wäre es damit:

> **B:** „Nimm es nicht so schwer."
>
> **A:** „Maestro Hickel hat mich doch die ganze Zeit ignoriert."
>
> **B:** „Du bist der beste Oboist Europas."
>
> **A:** „Europas? Der Beste der Saarbrücker Philharmoniker vielleicht."

Inhaltlich hat sich nicht viel geändert. Aber das Universum, das hier etabliert wird, ist viel plastischer. Indirekt verleiht der Dialog auch der ursprünglichen Geste des Sich-auf-den-Stuhl-Fallenlassens mehr Bedeutung. Nicht nur ist jemand enttäuscht oder verärgert, wir erfahren auch die Hintergründe, und zwar ohne dass der Schauspieler sie zu Beginn gekannt haben müsste.

3.7.2 Personalisierung

In manchen Impro-Szenen wirken die auftretenden Charaktere wie herausgestellte Kopien, vor allem dann, wenn es Typen sind, die unserem eigenen sozialen Umfeld eher fern liegen, oder Figuren, die bereits medial mehrfach karikiert worden sind. Diese Klischee-Darstellungen lassen sich umgehen, wenn wir die Charaktere so nahe wie möglich an uns heranlassen. Nehmen wir an, du spielst den Chef einer Motorrad-Gang. (Meine Beobachtung verrät mir, dass sich die Universen von Impro-Spielern und Motorrad-Gangs nur selten überlappen.) Natürlich hat man eine ungefähre Vorstellung, wie sich solch ein Chef verhält. Allerdings ist diese Vorstellung sehr durch die fiktionale Darstellung in Film und Fernsehen geprägt – Hochstatus, hyper-männliches Gebaren, Neigung zu Alkohol und Kriminalität. Um nun eine glaubwürdige Darstellung zu erreichen, müssen wir uns die Eigenschaften dieser Figur zu eigen machen: Die Ruhe und das Raumgreifen des Hochstatus wird einem Impro-Spieler mit Grundkenntnissen noch relativ leicht fallen. Schon mit der Machohaftigkeit werden sich manche schwertun. Der Schlüssel liegt darin, einerseits die eigene Männlichkeit anzuzapfen und zu verstärken,[33] sie aber gleichzeitig nicht zum einzig bestimmenden Merkmal der Figur zu machen. Dieser Gang-Chef wird zwar seinen Burger wahrscheinlich grob und ohne feine Manieren futtern, aber wenn es darum geht, einen winzigen Fleck am Tank seiner Harley Davidson zu entfernen, erwacht in diesem groben Klotz die Feinfühligkeit eines Uhrmachers.

Das heißt, mache so viele Eigenschaften der zu spielenden Figur wie möglich zu deinen eigenen. Atme mit deiner Figur, erlebe sie. Lass dich von ihr überraschen.

3.8 Inhalte

Inhalte ergeben sich in einer Impro Szene quasi automatisch, wenn man nur auf eine Handvoll Grundregeln achtet: Zuhören, freies Assoziieren, Zug um Zug spielen, Behaupten. Die so erzeugten Inhalte sind mannigfaltig, oft unterhaltsam, lustig, manchmal bizarr.

Aber kann es uns Impro-Spielern auch gelingen, Inhalte zu erzeugen, die beim Publikum eine nachhaltige Resonanz auslösen? Oder zumindest die Wahrscheinlichkeit zu erhöhen, dass unter den improvisierten Szenen auch ein paar interessante da-

[33] Bei anderen Rollen eben die Weiblichkeit. Oder die Großzügigkeit, die Feigheit, das Draufgängertum usw.

bei sind, an die die Zuschauer auch noch zuhause denken werden?

Selbst in kleinen Szenen oder Games lassen sich Inhalte transportieren, ohne dass es eine vorbereitete Agenda gäbe. Es liegt an der *inneren Bereitschaft*, eine sinnvolle Szene zu spielen, und diesem Ziel seine gesamte spielerische Intelligenz zu widmen.

Für uns als Schauspieler heißt das vor allem, unsere Charaktere nicht zu dumm anzulegen. Im Improtheater begegnet man viel zu oft dummen Charakteren. Dafür gibt es zwei Gründe:

Erstens wird Dummheit oft mit Komik assoziiert. Und obgleich Täppischkeit und Naivität Potenzial für komische Situationen bieten, zum Beispiel durch Missverständnisse, Körperkomik und so weiter, bleibt Doofheit eben Doofheit.

Der zweite Grund ist paradoxerweise die Angst, für dumm gehalten zu werden, wenn man versucht, sich sinnvoll zu äußern. Man verbirgt sich hinter der Maske der Dummheit, da man glaubt, so nicht für Inhalte kritisiert werden zu können. Aber um intelligent zu spielen oder auch nur intelligente Charaktere zu spielen, brauchen wir keinen Hochschulabschluss. Intelligentes Spiel bedeutet lediglich, einen etablierten Gedanken konsequent fortzusetzen. Also lege deine Charaktere tendenziell so intelligent wie möglich an.

3.9 Miteinander. Oder: „Kümmere dich um dich selbst"?

In der Impro-Welt zirkuliert ein wichtiges Mantra: „Lass deinen Partner gut aussehen." Gemeint ist damit, dass deine Entscheidungen darauf zielen sollten, die Entscheidungen deines Partners genial aussehen zu lassen. (Dies erreicht man in der Regel durch große, emotionale Reaktionen, die das Angebot verstärken.) Wenn sich die Spieler auf diese Weise gegenseitig behandeln, erscheint das Team genial.[34]

Dieses Mantra hat allerdings eine Achillesferse. Wenn man nur noch auf sein Gegenüber achtet, droht man, die eigene Figur und ihre Eigenschaften zu verlieren. Im Jahr 2004 veröffentlichte der Chicagoer Impro-Spieler Mick Napier das Buch „*Improvise. Scene from the inside out*", in dem er das alte Mantra für obsolet erklärte und stattdessen forderte: „Kümmere dich um dich selbst!" Denn eine starke Figur und ihre Eigenschaften sind ein Geschenk für die Mitspieler. Deine Figur wird interessant, wenn du mit ihr spielst. Die Eigenschaften der Figur zeigen sich in ihren emotional gesteuerten Handlungen und ihren Reaktionen. Das aber funktioniert nur, wenn du aktiv zuhörst: Das heißt, wenn du spielerisch (und im Charakter deiner Figur) auf die Angebote deines Mitspielers reagierst und dich veränderst, lässt du ihn quasi automatisch erstrahlen.

Ich denke, Napier hat hier einen wichtigen Punkt erwischt. Allerdings sollte man das alte Mantra nicht völlig vergessen. Vor allem wenn die Szene anfängt, entwickeln sich ja die Figuren quasi gleichzeitig. Die Emotionspalette der Figuren, an der man sich orientiert, gibt es ja nicht a priori. Sie ergibt sich nach und nach.

Mit anderen Worten: Kümmere dich um deinen Partner, aber bleib flexibel bei deiner Figur.

---

[34] Siehe auch *Improvisationstheater. Band 1: Die Grundlagen*

4 STATUS

Status bezeichnet im Theater das (vor allem körperliche) Verhältnis von Dominanz und Unterwerfung. Status wird in der Hand von Impro-Spielern zu einem äußerst wirksamen Werkzeug. Das Spiel mit Status gibt unseren Figuren Kraft, Ausdruck und Lebendigkeit, und es setzt die Szenen fast automatisch in Gang.

Schauen wir uns genauer an, wie wir Status nutzen können, welche Missverständnisse damit verbunden sind und wohin uns das gezielte Nutzen von Status führen kann.

Raumlauf-Übung zur Einführung in Status

Die Gruppe wird in zwei Untergruppen geteilt: Gruppe A und Gruppe B. Beide laufen schweigend kreuz und quer durch den Raum.

Nach und nach gibt die Spielleitung Anweisungen an die Spieler:

Gruppe A hält Augenkontakt, Gruppe B vermeidet Augenkontakt.

Gruppe A öffnet sich körperlich mit dem Mantra „Das ist mein Raum". Gruppe B beschützt den Körper mit dem Mantra „Entschuldigung, dass ich hier bin."

Spieler der Gruppe A dürfen Spieler der Gruppe B die Hand auf die Schulter legen und sie für ein paar Schritte begleiten.

Anmerkungen:

Die Übung ist schweigend auszuführen.

Die Gruppe immer erst eine Weile laufen lassen, bevor die nächste Anweisung gegeben wird.

Nach der Übung wechseln Gruppe A und B die Rollen.

Das Konzept Status sollte erst nach der Übung theoretisch erklärt werden.

4.1 Körperlichkeit

Status ist in erster Linie ein *körperliches* Konzept. Es geht also nicht um sozialen Status, wie er etwa durch Befehl/Gehorsam erscheint, sondern um spürbare körperliche Präsenz und Dominanz/Unterwerfung.

4.1.1 Bewegung

Eine Hochstatus-Person bewegt sich ruhig und klar. Nichts ist hektisch. Nichts kann den idealen Hochstatus aus der inneren oder äußeren Balance werfen. Als Hochstatus greife man ruhig nach Gegenständen, gehe ruhig und sicher auf andere zu, vor allem aber, bewege man den Kopf ruhig. Gerade die ruhige Kopfbewegung fällt Anfängern oft schwer, da sie andauernd wissen wollen, was links und rechts und hinter ihnen geschieht. Dieser Kontrollzwang zeichnet aber eher einen Tiefstatus aus. Tiefstatus-Charaktere ähneln Flucht-Tieren. Sie müssen ständig ihre Umgebung kontrollieren, denn überall lauert Gefahr. Wenn du Status-Bewegung trainieren willst, denke Elefant versus Maus. Ein Elefant *kann* gar nicht anders als sich im Hochstatus zu bewegen. Selbst ein Elefant, der von einem Löwenrudel angegriffen wird, wirkt noch erstaunlich ruhig in seiner Abwehr. Eine Maus hingegen vollzieht *jede* ihrer Bewegungen hektisch. Ob sie nun an einer Möhre nagt oder die Luft beschnuppert – ständig liegt Gefahr in der Luft.

Übung Tiere im Status

Alle bewegen sich durch den Raum. Einer mit dem Mantra Hochstatus-Elefant, die anderen mit dem Mantra Tiefstatus-Maus. Nachdem alle den Elefanten probiert haben, wechseln wir das Verhältnis: Nun spazieren lauter Elefanten herum, während eine Maus sich hektisch bewegt. Natürlich kann die Maus auch mal stillstehen bleiben, aber auch dieses Stillstehen ist hektisch – im Atmen und in den Augen.

4.1.2 Augen

Viel vom Statusverhalten scheinen wir noch als Gepäck von unseren tierischen Vorfahren mit uns zu tragen. Hunde und Menschenaffen reagieren sehr stark auf Blicke. Einem anderen direkt in die Augen zu sehen oder gar zu starren kann als eine Herausforderung begriffen werden, wenn es nicht durch zeitweiliges Wegschauen relativiert wird.[35]

Eine ideale Tiefstatus-Figur schaut nicht etwa die ganze Zeit weg. Sie beobachtet immer wieder mit kurzen Blicken den Hochstatus-Partner und schaut weg, wenn sie angeschaut wird.

---

[35] Wir kennen das übrigens auch von männlichen Jugendlichen, die mit ihrem Selbstwertgefühl Probleme haben. Es reicht schon, wenn sie glauben, von jemandem länger als nur flüchtig angeschaut worden zu sein: „Hast du mich angeguckt, Alter? Ob du mich angeguckt hast!!“ Sie führen sich im Grunde auf wie Silberrückengorillas, deren Position in Frage gestellt wird.

Sie kann den Blick des Gegenübers nicht aushalten. Der Blick wandert fast regelmäßig nach unten. Es ist der Blick desjenigen, der sich unterwirft.

Ein Hochstatus hingegen hält stets den Blick aus, den man ihm schenkt. Entweder als Statuswettbewerb wie zwischen zwei Boxern vor dem Kampf oder wie in gemütlicher Selbstverständlichkeit. Allerdings sucht der Hochstatus nicht unbedingt den Blick des Gegenübers. Als Referenzbild kann man sich einen Boss vorstellen, der aus dem Fenster schaut, während der Angestellte von der Sekretärin ins Zimmer geschickt wird. Ohne ihn eines Blickes zu würdigen, fängt er an zu sprechen. Mit anderen Worten: Der Super-Hochstatus muss sich seines Status' nicht versichern, er kann davon ausgehen, respektiert zu werden.

4.1.3 Berührungen

Die Faustregel lautet: Tiefstatus berührt sich selbst, Hochstatus berührt andere.

Eine Tiefstatus-Figur wird sich aus verschiedenen Gründen selbst berühren. Deutliche Tiefstatus-Berührungen schützen den Hals und verkleinern den eigenen Raum. Sie kommunizieren im Grunde: „Beiß mich nicht."

Der Hochstatus hat die Freiheit, sein Gegenüber zu berühren. Wir können uns als positiven Hochstatus einen Vater, eine Mutter oder eine elterliche Figur vorstellen, die das Kind beruhigt. Die Berührungen sind ruhig und klar. Die Gründe fürs Berühren des anderen können unterschiedlich sein: Man will dem anderen klar kommunizieren, wer die Situation beherrscht. Die Situation zu beherrschen kann bedrohlich wirken (zum Beispiel gegenüber Gefangenen) oder auch beruhigend (zum Beispiel gegenüber einem verunsicherten Kind). Man kann die andere Person vielleicht durch eine Beruhigungsgeste in Sicherheit wiegen oder aber bedrohen. Egal ob wir dem anderen einen Krümel von der Jacke oder eine Haarsträhne aus dem Gesicht wischen, ihn an der Kehle halten oder ihm die Schultern massieren, selbst wenn wir uns einfach in seinen persönlichen Bereich begeben, zum Beispiel ihm den Finger vors Gesicht halten oder ihm einfach zu nahe treten – es handelt sich um eine Hochstatus-Geste.

Gerade beim Thema Berührungen gibt es aber schöne Grauzonen, mit denen sich wunderbar spielen lässt, besonders wenn ein Tiefstatus gezwungen ist, einen Hochstatus zu berühren oder ihm sehr nahezukommen: Ein Friseur, ein Kellner, Kammerdiener, die den Herrn oder die Herrin einkleiden.[36]

4.1.4 Sprachgestus

Status wird weniger dadurch vermittelt, was gesagt wird als dadurch, wie es gesagt wird.

> Ein Angestellter geht ins Büro des Chefs. Dort sitzt aber auf dem Schreibtischstuhl ein Fremder, der, bevor er etwas sagt, sich gemütlich eine Erdnuss aus der Schale nimmt. Dann fixiert er den Hereinkommenden, sagt mit entspannter Stimme: „Hmm", überlegt kurz und fährt dann fort: „Hallo! (Pause) Ich bin hier, weil ich sozusagen (Pause) Ihr neuer Chef bin."

Variieren wir die Situation ein wenig.

---

[36] Ein schönes Beispiel für Status-Relativierung gibt Karl Valentin in seinem Film „Der Sonderling". Valentin ist hier ein arbeitsloser Schneider, der sich bei der Post bewirbt. Ein beleibter Hochstatus-Postdirektor tritt an ihn heran und führt mit ihm im Stehen ein Bewerbungsgespräch. Valentin als klassischer Tiefstatus senkt den Blick, verneint oder bejaht mit hektischen Gesten die Fragen. Dabei fällt ihm die schiefe Weste des Direktors ins Auge. Da er als Schneider diesen Anblick nicht ertragen kann, greift er flugs zu und zerrt sie dem Direktor gerade, nur um nach dieser Übergriffigkeit sofort wieder in unterwürfigen Tiefstatus zu fallen und die Empörung des Direktors über sich ergehen zu lassen. Jedoch: Dessen Weste verrutscht wieder, und Valentins Schneiderseele ist so gequält, dass er erneut zugreift, wie ein hungriges Hündchen sich trotz Zurechtweisung wieder einen Happen stehlen muss. Den anderen derart zu berühren, ist natürlich eine Hochstatus-Geste, die sämtliche zuvor etablierten Tiefstatus-Gesten relativiert, aber gerade dadurch wird die Szene komisch und menschlich.

> Der Angestellte betritt den Raum. Auf dem Stuhl hat sich ein Fremder niedergelassen, der sich an der Lehne krampfhaft festhält, nervös lächelt und kaum dass der Angestellte hereingekommen ist, mit hoher, gepresster Stimme sagt: „Ähm ... hallo, ich äh bin hier, weil äh ..., ich bin, also, ähm, ich bin sozusagen Ihr neuer Chef."

Wir sehen, es ist die innere Haltung, die den Status zum Leben erweckt. Ein Hochstatus-Typ spricht entspannt. Seine Stimme wirkt dadurch tief, ohne dass sie unbedingt im absoluten musikalischen Sinne tief sein muss. Als Zuhörer nehmen wir die unwillkürliche stimmliche Anspannung eines Tiefstatus und die stimmliche Entspannung eines Hochstatus sofort wahr.

4.2 Status als persönliches Verhältnis

Status äußert sich nicht allein durch die Person, die die physische Haltung einnimmt, vielmehr ist es das Verhältnis zu einer anderen Person. Das bedeutet für die Bühne, dass wir als Mitspieler den anderen mit Status ausstatten können.

> Anton betritt als Erster die Szene und etabliert irgendeine banale Handlung in halbwegs statusneutraler Haltung, etwa: Am Tisch sitzen und Kaffee trinken.
>
> Um ihn zu unterstützen, betritt Marion ruhigen Schrittes die Bühne, bleibt seitlich von Anton stehen und betrachtet ihn ruhig. Dann legt sie sanft die Hand auf seine Schultern, setzt sich neben ihn und fragt mit ruhiger, freundlicher Stimme: „Na? Schmeckt's?"

Marion hat nicht nur ihren (Hoch-)Status festgelegt, sondern indirekt auch das Statusverhältnis. Zumindest ist ihr Status ein Angebot an Anton, einen niedrigeren Status einzunehmen (wie stark die Status-Differenz sein wird, bleibt Antons Entscheidung). Aber es funktioniert natürlich auch andersherum:

> Anton sitzt am Tisch und trinkt Kaffee. Marion betritt die Bühne und geht zögerlichen Schrittes auf ihn zu, räuspert

sich verlegen, kann sich nicht entscheiden, ob sie ihn anschaut oder nicht, reibt sich mit der rechten Hand den linken Arm, und sagt dann unterwürfig mit gezwungenem Lächeln: „Na? Schmeckt's?"

Marions Tiefstatus definiert somit Antons Hochstatus, ohne dass dieser etwas Besonderes ändern müsste.

Allgemeiner gesprochen: Indem du dich in einen bestimmten Status setzt, kannst du das Verhältnis definieren. Diese Definition ist zunächst natürlich nur ein latentes Angebot. Anton hat immer noch genügend Spielraum auf deine Status-Angebote einzugehen.

Reaktions-Möglichkeiten auf das **Hochstatus**-Angebot

Im noch höheren Status:

(ohne sich umzudrehen und mit ruhiger Stimme): „Ja, Clara. Geben Sie mein Kompliment an Ihren Mann weiter."

Im halbhohen Status:

(springt auf, geht freudig auf mich zu und umarmt mich): „Clara! Sie haben dich freigelassen! Gut, dass du wieder da bist!"

Im Tiefstatus:

(erstarrend, dann sich zögerlich umdrehend und die schweißnassen Hände an der Hose abwischend): „Clara! Oh nein, bitte! Tut mir das nicht an!"

Reaktions-Möglichkeiten auf das **Tiefstatus**-Angebot:

Im Hochstatus:

(ruhig sich umdrehend und nach angemessener Pause): „Ja, Clara, aber glaube nicht, dass dein Kaffee dich diesmal retten wird."

Im halbhohen Status:

(wütend aufspringen und durch den Raum rennen, dabei abwechselnd sich selbst und der Mitspielerin vor den Kopf

schlagen): „Ob's mir schmeckt? Sie wagen es, mir diese Schimpansenpisse zu servieren und fragen mich, ob es schmeckt! Ich muss wahnsinnig gewesen sein, als ich in einer Spelunke wie dieser einen Kaffee bestellt habe!"

Im Tiefstatus:

(zusammenzucken, den Kaffee fast verschütten, sich umdrehen, dann schüchtern lächeln): „Clara? Sie müssen Clara sein, oder? Ähm, also, hm, ich bin ja, wie gesagt auch das erste Mal in einem Fetisch-Club."

4.3 Positiver und negativer Hoch- und Tiefstatus

Bei vielen Spielern und Gruppen hat sich die Auffassung (oder unbewusste spielerische Praxis) eingebürgert, ein Hochstatus müsse als dominanter Fiesling angelegt sein, während der Tiefstatus der sympathische Loser ist. Diese Ansicht reduziert aber die vielfältigen Möglichkeiten, die uns Status bietet, enorm. Tatsächlich erweitern wir unsere Optionen, indem wir positive und negative Figuren, sowohl Hochstatus als auch im Tiefstatus anlegen können.

	Positiv	**Negativ**
Hochstatus	Fürsorgliche Mutter, Mentor, Gerechter König	Mafiaboss, Unterdrückende Vaterfiguren,
Tiefstatus	Held am Anfang der Geschichte, sympathische Verlierer-Typen, komische Nebenfiguren	Intrigante Schurken (zum Beispiel Jago in „Othello"), Nörgler, Misanthropen

Hier eine Matrix mit einer Handvoll Archetypen. Man kann sie gerne weiterführen: Welche Typen spiele ich selber gerne (und vielleicht zu oft)? Welche Typen vermeide ich? Wo finden sich in dieser Matrix klassische Figuren aus Theater und Film wieder?

4.4 Zwischenstufen

Wirklich interessant wird der Gebrauch des Instruments Status vor allem dann, wenn die Figuren nicht 100 Prozent Hochstatus oder Tiefstatus sind, sondern lebendig bleiben, das heißt, wenn sie kleine Elemente einbauen, die den Status relativieren.

Eine typische (negative) Mittelstatus-Figur ist zum Beispiel ein Feldwebel, der die Rekruten anbrüllt: Wenn er sich des Respekts seiner Untergebenen wirklich sicher wäre, hätte er die Einschüchterungsgeste überhaupt nicht nötig. In dieselbe Kategorie fallen aufbegehrende Teenager: Sie nehmen instinktiv viel Raum ein, berühren die sie umgebenden Gegenstände, müssen aber um Respekt kämpfen. Impulsives Brüllen, ungelenke raumgreifende Bewegungen, Vor-Sich-Hinstarren und ähnliche Statusgesten können wir dem Tiefstatus, der nach oben strebt, zuordnen. Ein weiterer, eher komischer Typus ist ein Mensch, der von den ihn umgebenden Statussymbolen (zum Beispiel teure Kunst, elegante Restaurants, intellektuelle Diskussionen) überfordert ist und bemüht ist, sich „nach oben“ anzupassen. Ein in Komödien und Satiren oft benutztes Mittel ist es, jemanden Fremdwörter falsch benutzen zu lassen. Im Statusspiel funktioniert das ähnlich: Die künstliche Hochstatus-Geste des Tiefstatus wirkt lächerlich oder komisch.

Umgekehrt kann man auch den Hochstatus relativieren: In der Eröffnungs-Szene aus „Der Pate“ berührt der als extremer Hochstatus eingeführte Mafiaboss sich nach wenigen Minuten selbst: Er kratzt sich leicht am Schnurrbart (eine Geste, die ihn fast menschlich erscheinen lässt), bevor er das Anliegen des Bittstellers brüsk abweist.

Wir können uns außerdem nach unten strebende Typen vorstellen: Den überforderten Chef, der sich bei allen beliebt machen will und sich im eigenen Büro unwohl fühlt (Ricky Gervais' David Brent in „The Office"), sich naiv stellende Typen (zum Beispiel Leutnant Columbo aus der gleichnamigen Fernsehserie), kindliche Typen, die oft lachen, flirtende Frauen, die oft ihr Haar berühren.

Große Status-Unterschiede erzielen unmittelbare Wirkung aufs Publikum. Wir erkennen sofort Herr und Diener, Dominanz und Unterwerfung. Subtile Status-Unterschiede entfalten sich langsam und wirken eher auf einer unbewussten Ebene. Keith Johnstone versicherte seinen Schülern, dass eine Szene mit ziemlicher Sicherheit gut werden würde, wenn sie einen Status einnehmen, der knapp über oder unter dem des Mitspielers liegt. Der springende Punkt ist: Es geht dann zwar nicht mehr vordergründig um Dominanz und Unterwerfung, aber unbewusst nehmen wir dieses Spiel als Zuschauer trotzdem wahr, ohne dass wir es so bezeichnen würden.

In mehrszenigen Impro-Stücken lohnt es sich, eine satte Mischung aus großen und kleinen Status-Unterschieden zu zeigen. Schließlich wollen Zuschauer beides: Die großen Überwältigungen wie die kleinen feinen Beobachtungen, den großen und den kleinen Kampf.

Game Status-WG

Drei Spieler. Jeder entscheidet sich für einen Status-Punkt auf einer Skala von 1 bis 10.

Zwei der Spieler suchen einen neuen Mitbewohner für ihre WG. Der dritte Spieler ist der Bewerber. Man zeigt dem Bewerber das Zimmer, bietet ihm ein Getränk an usw.

Anmerkung: Seid physisch. Nutzt den Raum. Spielt Gegenstände an. Vermeidet es, Hochstatus durch Herumkommandieren zu markieren.

4.5 Status im Raum und im Bezug zu Gegenständen

Man stelle sich vor, zu einem Bewerbungsgespräch eingeladen zu sein. Im Vorzimmer sagt man dir, du könntest schon mal hineingehen, die Geschäftsführerin und der Personalchef kämen gleich. Du betrittst den Raum und bist völlig überwältigt. Die Fenster bieten einen phantastischen Blick über die Stadt, der Raum ist geschmackvoll eingerichtet. An den Wänden hängen zwei teure Original-Gemälde aus dem 19. Jahrhundert. Auf dem Boden ein feiner Perserteppich. Ein Blick auf deine Schuhe: An ihnen klebt wahrscheinlich etwas Straßenschmutz. Ein Blick in den Spiegel: Du bist für dieses feine Zimmer hoffnungslos underdressed. Viele Objekte aus Glas stehen hier herum. Bloß nichts berühren! Noch mal im Spiegel die Haare richten. (Darf man diesen Spiegel überhaupt für so etwas Profanes benutzen?) Und wie ein Mantra läutet es immer heftiger in deinem Kopf: „Das ist nicht mein Raum. Ich gehöre hier nicht her."

Stelle dir umgekehrt das Szenario vor: Du wirst in das Chefzimmer geschickt, aber du weißt, dass es nicht mehr lange dauert, dann bist du selbst hier der Chef. Du betrittst den Raum und erkennst die Gemälde als preiswerte Kopien, bedienst dich an den Getränken und prüfst schon mal, welche der Glas-Objekte du aussortieren wirst, wenn du auf diesem Chefsessel sitzen wirst. Wieso eigentlich „wirst"? Du kannst ja schon mal probesitzen. So gemütlich wartest du auf die Geschäftsführerin und den Personalchef, und durch deinen Kopf geht das Mantra: „Das ist mein Raum. Hier gehöre ich hin."

Um Status herzustellen, brauchen wir hier nicht einmal Mitspieler. Räume und Objekte genügen, denn auch sie sind sozial geprägt. Wir nehmen sie als statusmäßig wahr. Und unser Verhalten in den Räumen und in Bezug auf die Objekte wird von anderen als statusmäßig wahrgenommen: Wie betrete ich ein

Zimmer, einen Raum, ein Podium? Benutze ich einen Gegenstand mit alltäglicher Selbstverständlichkeit, mit großer Ehrfurcht oder meide ich ihn gar?

Die körperliche Technik der Darstellung ist praktisch dieselbe wie in Bezug auf andere Personen: Berühre ich mich selbst oder die Objekte im Raum? Bewege ich mich zögerlich oder entschlossen? Betrachte ich den Raum oder die Gegenstände ruhig oder zögerlich-eingeschüchtert?

Gerade als Szenen-Eröffnung, wenn man allein die Bühne betritt und den Ort etabliert, lässt sich Status wunderbar nutzen und wird in der Regel auch vom Zuschauer sofort wahrgenommen: Fühlt sich diese Person in diesem Raum zuhause oder nicht?

Übung Status im Raum

Vorgegeben ist ein statusmäßig „aufgeladener" Raum, etwa eine Bibliothek in einem herrschaftlichen Haus oder das Büro eines Konzernchefs.

Eine Person betritt den Raum in einem bestimmten Status und spielt einzelne Gegenstände an. Zum Beispiel könnte ein hochqualifizierter Bewerber für einen neuen Job im Tiefstatus hereinkommen, die Tochter der Putzfrau hingegen im Hochstatus. Nachdem die Person den Raum verlassen hat, betritt die nächste Person denselben Raum.

4.6 Statuskampf

Als Statuskampf bezeichnen wir den Kampf um den höheren Status oder um den niedrigeren Status zwischen zwei Figuren. Unter einigen Impro-Spielern gilt Statuskampf als verpönt. Zu Unrecht, wie ich meine. Die Falle liegt hier vor allem beim Hochstatuskampf: In einer schlechten Szene kämpfen dann nicht die Figuren, sondern die Spieler darum, wer die Szene dominieren darf. Gute Statuskämpfe hingegen, bei denen die Spieler wissen, was sie tun, können unglaublich mitreißend sein.

Beim **Hochstatuskampf** fangen die Spieler meist in einem mittelhohen Status an. Jede darauffolgende Geste richtet sich darauf, den eigenen Status leicht zu erhöhen: Dem anderen ein bisschen länger in die Augen starren, seine Kleidung zurechtrücken, die Hand auf seine Schulter legen, mit dem Eigentum des anderen spielen, in die Ferne schauen und mit dem anderen sprechen und so weiter. Wenn man Zug um Zug spielt und nach jedem Zug ein Foto machen würde, müsste man, wenn die Fotos dann durcheinander auf dem Tisch lägen, sie der Reihe nach ordnen können.

Status-Übung Hochstatuskampf

Eine etwas unsichere Person in einem Raum, zum Beispiel ein Wartezimmer einer Arztpraxis. Sobald die zweite unsichere Person den Raum betritt, steigt der Status der ersten Person. Nach und nach überbieten sich die beiden. Die Szene wird ohne Worte gespielt.

Die Herausforderung besteht darin, dass die Spieler miteinander spielen und nicht gegeneinander kämpfen. Die Charaktere sollten positiv angelegt sein.

Der nur selten angewandten **Tiefstatuskampf** ist in bestimmten Szenen sehr reizvoll. Tatsächlich benutzen manche Spieler ihn gar nicht, weil sie ihn für „unrealistisch“ halten. Aber es gibt Tiefstatuskämpfe auch im realen Leben, etwa wenn zwei Kollegen überhöflich sind, einander gegenseitig Gefallen erweisen, die Tür aufhalten usw.

Status-Übung Tiefstatuskampf

Die Situation ist ein Blind Date. Person A betritt das Café, wo Person B bereits wartet. Beide sind extrem positiv überrascht und total verliebt, wollen es aber andererseits auf gar keinen Fall verderben: Sie spielt sich an den Haaren, er wischt sich immer wieder die Hände an den Hosenbeinen. Beide wagen kaum, einander anzuschauen. Sie erwischt sich selbst dabei, wie sie an ihren Nägeln kaut, er versucht stockend und mit gepresster Stimme, ihr ein Getränk anzubieten. Sie umschlingt die Stuhlbeine mit ihren Unterschenkeln, er nähert sich ihr zaghaft mit einer Hand und zuckt, als sie sich bewegt, zurück. Und so weiter.

4.7 Status und Storytelling

Eine der wichtigsten Impro-Techniken besteht darin, sich verändern zu lassen. Wir wollen sehen, wie ein hartherziger Vater, der im Hochstatus agiert, sich erweichen lässt (Ebenezer Scrooge in „Eine Weihnachtsgeschichte“, Don Corleone in „Der Pate“). Wir wollen sehen, wie verschüchterte Jugendliche zu Helden werden (Harry Potter, Jim Hawkins in „Die Schatzinsel“, Clarice Starling in „Das Schweigen der Lämmer“ sowie praktisch sämtliche deutschen und russischen Märchen, in denen drei Brüder auftauchen, von denen der jüngste der belächelte Hans bzw. Wanja ist).

Wenn wir in der Lage sind, Status dynamisch zu verstehen und anzuwenden, hilft uns diese Technik, Storys in Gang zu setzen. Fein eingesetzter Status macht eine Szene ohnehin zum Hingucker. Wenn wir beobachten, wie sich das Status-Verhältnis verändert (das muss nicht einmal der soziale, sondern lediglich der theatrale Status sein), wird die Szene interessant. Wenn es uns gelingt, den Wandel von Status über mehrere Szenen zu zeigen – in Statuskämpfen, Statuskippen, wechselndem Status in unterschiedlichen Situationen – bringen wir die Story zum Laufen. Dynamischer Status macht die Story sichtbar und spürbar.

Fürs Storytelling können wir uns folgende Status-Faustregeln zunutze machen:

4.7.1 Der positive Tiefstatus ist oft der Held

Wenn man zwei positive Figuren aufeinander prallen lässt, einer ist Hochstatus, der andere Tiefstatus, schlägt das Herz des Publikums fast immer für den Tiefstatus-Charakter. Vielleicht aus Mitgefühl, vielleicht weil wir sehen wollen, wie jemand wächst, wie sich jemand aus der Unterwerfung erhebt und zur Heldenfigur wird, wie ein Kind erwachsen wird, wie jemand sich aus den sozialen Fesseln der Familie, der sozialen Zwänge usw. befreit und sein Leben selbst in die Hand nimmt. In der klassischen Heldenreise ist der Held fast immer zunächst ein Held wider Willen. Er muss die Enge, die Bequemlichkeit, das Kindsein hinter sich lassen.

4.7.2 Ein negativer Hochstatus kann sich zur positiven Figur wandeln

Die Wandlung eines negativen Hochstatus zur positiven Figur ist eine der interessantesten aber gleichzeitig auch schwierigsten Varianten des Storytelling. Einen Menschen, der gewohnt ist zu kommandieren und zu dominieren, dabei zu beobachten, wie sein Herz weich wird, wie er Sanftheit und Großmut zulässt, ist fürs Publikum immer befriedigend. Das Problem ist nur: Die Figur darf nicht derart verdorben und widerwärtig sein, dass wir ihr nicht zusehen wollen. Das gute Herz sollte schon irgendwo ein bisschen zu spüren sein.[37]

Zum Beispiel ist in „Rain Man“ der Held der Story eigentlich nicht der von Dustin Hoffman gespielte titelgebende Autist, sondern der von Tom Cruise gespielte Unsympath, dessen Weg der Wandlung von einem harten, gierigen Menschen zu einem

---

[37] Vielleicht spürt man als Zuschauer, dass der Charakter durch die Umstände zu dem wurde, was er ist. Einen Storytelling-Trick erwähnt hier Peter Blake durch den Titel seiner Drehbuch-Fibel „Rette die Katze“: Der zu Beginn eher unsympathische Held sollte eine winzige gute Tat vollbringen wie zum Beispiel eine Katze zu retten, so dass wir wenigstens einen kleinen Anknüpfungspunkt haben.

warmherzigen, liebenden Bruder wir in über zwei Stunden Film beobachten.

Man kann folgendes ausprobieren: Ein Hochstatus wird in einer Handvoll kurzer Szenen gezeigt, in denen er dominant agiert. Aber zwischendurch sehen wir ihn bei einer sympathischen Tätigkeit – einem Hobby, einer spontanen menschlichen Geste usw. Gelingt es uns, diesen Hochstatus so zu improvisieren, dass die Zuschauer ein Interesse daran haben, wie seine Story weitergeht?

4.7.3 Der negative Tiefstatus bleibt oft ein Schurke

Den negativen Tiefstatus verbinden wir mit Verhaltensweisen wie Nörgeln, Lügen, Intrigieren. Wir können hier natürlich mit komischen Figuren spielen, zum Beispiel der nörgelnden Schwester oder dem jammernden Gatten. In seiner klarsten Form aber bleibt der negative Status Lügnern und Intriganten vorbehalten. Jago in Shakespeares Tragödie „Othello" ist ein Zum-Munde-Redner. Er versucht nie, jemanden direkt zu etwas zu zwingen oder gar mit Einschüchterung etwas zu erreichen. Die Manipulation ist hintergründig und eben darum so diabolisch. Im deutschen Theater könnte man Mephistopheles aus „Faust" so einordnen, der in fast allen Szenen einen Tiefstatus einnimmt.

Eine radikal archetypische Form der negativen Tiefstatus-Figur ist Gollum aus der Film-Trilogie „Herr der Ringe". Das angstvolle Zucken, welches das Sich-ständig-Bedroht-Fühlen zeigt, die gekrümmte Haltung, der jammernde bis gehässige Tonfall. Wer negativen Tiefstatus lernen will, ist hier an der richtigen Adresse.

4.7.4 Positiver Hochstatus

Eine Figur, die als positiver Hochstatus eingeführt wird, ist oft eine Nebenfigur. Denken wir an Mentoren, zum Beispiel die stets lächelnden in sich ruhenden asiatischen Meister, durch deren Schule die Helden in Kampfsport-Filmen gehen. Großeltern werden oft als positiver Hochstatus gezeigt, desgleichen in sich ruhende Mütter. Diese Figuren werden sich oft nicht verändern. Sie begleiten die Hauptfiguren nur für eine gewisse Zeit, geben ihnen einen Rat, bewahren sie vor Übel, halten sie zurück usw. Die positive Wandlung geht im Helden selber vor.

In einigen Fällen verändert sich der positive Hochstatus ins Negative. In einer Tragödie wird er meist zum negativen Hochstatus, seltener zum Tiefstatus. Shakespeares Macbeth ist zum Beispiel ein solcher Typus. Er beginnt als strahlender Hochstatus-Held. Sein Status sinkt in dem Moment, als sein sozialer Status steigt und er allmählich zum Opfer seiner Machtgier wird: Er wird unruhiger, zittriger, sprunghafter. Am Ende bleibt von ihm nur ein mordendes Wrack – pendelnd zwischen Tiefstatus und behauptetem Hochstatus, sich immer weiter in die Düsternis der menschlichen Seele verstrickend.

4.7.5 Die Statuskippe

Packend wird die Improvisation natürlich im *Moment des Kippens*, den wir als Impro-Spieler nicht überspringen sollten, etwa indem wir unsere Heldin in Szene 1 im Tiefstatus und in Szene 2 im Hochstatus zeigen. Story ist Veränderung, und wir wollen den Prozess des Veränderns sehen.

Eine der stärksten Veränderungen ist das Verhältnis von Dominanz und Unterwerfung, also Status. Diese Veränderung kann auch ein situatives Hin und Her sein.

> In der Komödie „Amadeus" sehen wir Mozart als närrischen Tiefstatus, der nicht einmal in Anwesenheit des Königs seine Würde bewahren kann. Die Kippe in den Hochstatus sehen wir immer dann, wenn er bei sich, sprich: bei seiner Musik, ist. Salieri hingegen ist der Einzige, der Mozarts Größe versteht und im Angesicht dieser Größe immer wieder seinen

Hochstatus einbüßt, bis er schließlich im halben Wahn endet.

Die Status-Veränderung sollte sich, wie andere (zum Beispiel emotionale Veränderungen auch) vor allem am Timing orientieren. Verändere dich, sobald es Zeit ist, dich zu verändern. Wenn wir auf den einen richtig guten Satz warten, der uns verändern soll, so wird er nie kommen.

Die Statuskippe muss gerade von „Statusspezialisten", die sich behaglich im Tief- oder Hochstatus eingerichtet haben, immer wieder geübt werden. Die Kippe ist ein Schritt ins Unbekannte. Und diesen Übergang, dieses Kippen, dieses Nicht-Wissen-was-gleich-kommt zu genießen, muss man lernen.

Status-Kippe: Die Entlassung

Zwei Spieler.

Vorgegeben: Der Chef (Hochstatus) bittet den soeben eingetretenen Angestellten (Tiefstatus), Platz zu nehmen und eröffnet ihm, dass er ihn entlassen wird.

Der Angestellte akzeptiert die Begründung, hat aber etwas Kompromittierendes gegen den Chef in der Hand, so dass der Status der beiden kippt: Der Angestellte wird zum Hochstatus, der Chef zum Tiefstatus.

Anmerkungen: Seid spezifisch. Was ist es für eine Firma? Warum wird der Angestellte gefeuert? Nutzt den Raum. Berührt euch selbst (Tiefstatus) oder den Mitspieler (Hochstatus). Benutzt Gegenstände im Raum.

Game Status-Kette

Mindestens fünf Spieler.

Vorgegeben ist ein Raum, den mehrere Leute betreten können, zum Beispiel ein Büro. Der erste Spieler beschäftigt sich bequem im Hochstatus in diesem Raum, kippt aber in den Tiefstatus, sobald der nächste Spieler den Raum betritt. Nach einer kurzen Interaktion findet der Tiefstatus einen

Grund, abzugehen. Die neue Person bewegt sich solange als Hochstatus im Raum, bis der nächste Spieler die Bühne betritt. Und so weiter. Das Spiel ist beendet, wenn der erste Spieler wieder als Hochstatus den Raum betritt und der letzte Spieler „kippt".

4.7.6 Fallen

Das Spiel mit Status hält ein paar Fallen parat, die sich aber leicht umgehen lassen.

1. Statik

Szenen werden vor allem dann statisch, wenn einer der Beiden nur kommandiert und keiner sich verändert.

> „Was machen Sie denn da! *So* nimmt man eine Schaufel in die Hand."
>
> „Ach so! Entschuldigung."
>
> „Alles muss man Ihnen erklären, Sie dummer Azubi."
>
> „Ja."
>
> „Jetzt legen Sie die Schaufel weg und holen Sie mir gefälligst ein Bier. Aber hopp, hopp!"

Status *kann* den Szenen Dynamik verleihen, aber nur, wenn wir ihn dynamisch benutzen anstatt statisch darin zu verharren.

2.Hochstatus zu negativ

Wenn wir Hochstatus nur als fieses Herumkommandieren verstehen, haben wir die Schönheit und Vielfältigkeit dieses Mittels überhaupt nicht erfasst. Wenn du feststellst, dass dich deine Hochstatus-Szenen deprimieren oder dass sie irgendwie unschön wirken, liegt das oft an der Status-Negativität. Probiere aus, wie positiv man Hochstatus anlegen kann.

3. Hochstatus zu dominant und Tiefstatus zu zurückhaltend in der Szene

Diese Sünde kommt in den besten Impro-Ensembles immer wieder vor, und oft bemerken es die Spieler nicht einmal. Denn es kann ja durchaus OK sein, wenn mal für eine kurze Zeit einer der Spieler den Großteil des Inhalts beisteuert, auch wenn es im Idealfall natürlich beide Spieler zu gleichen Teilen tun. Das Problem ist hier ein zu tiefes Eintauchen in die Rolle: Die körperliche Befreiung des Hochstatus lässt den Geist des Spielers viel leichter neue Ideen herausschießen als das bei der körperlichen Enge des Tiefstatus der Fall ist. Wir müssen also manchmal ein Gegengewicht setzen: Als Hochstatus bewusst Kontrolle abgeben, als Tiefstatus bewusst Inhalte beisteuern.

Ein schönes Spiel, um gegen die inhaltliche Mattheit des Tiefstatus zu arbeiten, liefert hier Keith Johnstone mit einem seiner Herr-Diener-Spiele:

> **Game: Das Geständnis**
>
> Der Herr verhört den Diener wegen eines kleinen Malheurs, der Diener gesteht aber etwas Schlimmeres, der Herr will immer wieder auf das Malheur zu sprechen kommen, und dabei redet sich der Diener um Kopf und Kragen.[38]

---

[38] Im deutschen Sprachraum ist dieses Schema durch Dieter Hallervorden im „Kuh-Elsa-Sketch" popularisiert worden.

5 KUNST UND KLISCHEE

5.1 Klischeehafte Darstellung

Improtheater hat ein zwiespältiges Verhältnis zum Klischee. Einerseits wimmelt es auf den Impro-Bühnen nur so von Klischee-Figuren. Andererseits haben viele Spieler eine dermaßen große Angst vor Klischees, dass sie sich kaum aus ihrer Komfort-Zone herauswagen. Wie gehen wir nun damit um?

Zunächst einmal sollten wir uns der Angst stellen. Angst ist in der Kunst nie ein guter Ratgeber. Sie kann allenfalls auf sich selbst hinweisen. Es ist dann besser, mutigen Blickes auf das Klischee zuzugehen und mit ihm zu spielen als überhaupt nicht zu spielen.

Also angenommen, du sollst einen Armee-Oberst spielen, hast aber weder direkte Erfahrungen im Militär noch genauere Kenntnisse davon, was ein Oberst tut und wie er sich zu verhalten hat. Die einzigen Bilder sind medial vermittelt – zum Beispiel Kommandos brüllende Offiziere – dann könnte es eine Lösung sein, zunächst genau davon auszugehen: Eine Person, die jeden vierten Satz brüllt, und zwar unabhängig von der sozialen Situation. Nun ist es selbst ohne Militärkenntnisse schon bei oberflächlicher Betrachtung klar, dass kein Offizier andauernd herumschreit. Vielmehr werden allenfalls Befehle an größere Personengruppen laut gerufen. Ein Offizier, der sich seiner Autorität bewusst ist, hat es gar nicht nötig, diese immer wieder zu demonstrieren. Ein ruhiger Hochstatus ist vielleicht viel angemessener. Nun müssen wir aber zweierlei beachten:

1. Diese Art der Analyse ist erst im Nachhinein möglich. Denn auf der Bühne können wir nicht lange überlegen. Wir nehmen den Typus und die Assoziationen, die eben zur Hand sind. Das Überlegen, selbst für das hehre Ziel der Kunstverfeinerung, würde uns blockieren.
2. Wenn wir feststellen, ein Klischee benutzt zu haben, dann *muss* diese Analyse auch erfolgen. Wir können uns auf dem Klischee nicht einfach ausruhen, egal, ob es auf der Bühne gerade halbwegs funktioniert hat und vielleicht sogar Lacher eingebracht hat.

Im Bereich des Schauspiels treffen wir auf Klischees[39]:

- bei selten gespielten Emotionen,
- bei sozialen Gruppen und Schichten (Berufe, politischen Zugehörigkeiten, Gewohnheiten, Hobbys usw.),
- bei physischen Handlungen,
- im Status.

Klischees sind für denjenigen, der sie produziert, oft nicht ganz klar als solche zu erkennen. Daher hier ein paar Hinweise:

- Wenn die Inspiration für die Darstellung nicht aus der Realität kommt, sondern medial vermittelt ist, könnte eine klischeehafte Darstellung vorliegen.

---

[39] Für den Bereich der Story-Klischees siehe: *Improvisationstheater. Band 5: Storys Improvisieren.*
Allgemein zur Frage der Klischees im Improtheater siehe auch *Improvisationstheater. Band 1: Die Grundlagen.*

- Je häufiger man diese Darstellung (zum Beispiel in Comedy oder Parodien) gesehen hat, umso abgedroschener ist sie.
- Wenn die Darstellung außerdem immer wieder von anderen Impro-Spielern genutzt wird, ist Klischee-Alarmstufe Rot angesagt.
- Entlaust euch innerhalb eures Impro-Ensembles gegenseitig von Klischees.

5.2 Nutzen von Archetypen und Vermeiden von Stereotypen

Im Jargon werden manchmal die Begriffe „Archetypen" und „Stereotypen" synonym verwendet. Dem liegt ein Missverständnis zugrunde. Unter **Stereotypen** versteht man verallgemeinerte Vorstellungen von bestimmten Personengruppen. Das kann einhergehen mit klischeehafter Darstellung, muss es aber nicht.

- Die strenge Rektorin.
- Der schießwütige Cowboy. (Die Geste des den Rauch vom abgefeuerten Revolver blasen wäre die dazugehörige klischeehafte Darstellung).
- Nationale Stereotypen: Oberflächliche Amerikaner, impulsive Italiener, saufende Russen usw.

Stereotype Annahmen sind nicht unbedingt komplett falsch: Die Erwartung, dass ein Schüler, der nach einem üblen Streich ins Büro der Rektorin gerufen wird, dort mit Strenge empfangen wird, ist durchaus berechtigt. Klischeehaft und ab einem gewissen Punkt geschmacklos wird die Darstellung, wenn die Figuren eindimensional dargestellt werden.

Unter **Archetypen** hingegen verstehen wir universell verständliche menschliche Grundtypen, die in einer Erzählform eine bestimmte Funktion erfüllen.[40] Ein Archetypus ist derart weit gefasst, dass wir genügend Spielraum haben, um ihn immer noch plastisch und spezifisch genug zu gestalten. Beispiele für Archetypen wären:

- die behütende Mutter
- der mutige Held
- der Mentor
- der Türhüter

Diese Begriffe sind sehr weitgefasst und bezeichnen eher die Funktion als die tatsächliche Figur. So könnte der Archetyp der „Mutter“ auch ein Vater oder eine Lehrerin sein.

Den Archetypen lassen sich Grundgesten zuordnen. Durch diese Grundgesten können die Zuschauer den Archetypus klarer zuordnen und der Spieler ihn deutlicher darstellen.[41]

Archetypus	**Grundgesten**	**Funktionen**
Held/in	Heraustreten, Weggehen, Marschieren	Repräsentations- und Identifikationsfläche für den Zuschauer/Zuhörer
Mutter	Liebevolles Umklammern	Positive Schwelle
Verbündete	Begleiten	Gemeinsamer Schwung der Gruppe/des Paares
Anima/Animus	Verführungs-Blick, Aufeinander zugehen	Verzauberung/ Verführung

[40] Eine ausführliche Darstellung des Archetypenspiels, einschließlich vieler Übungen und Beispiele, findet sich in einem meiner Impro-Lieblingsbücher: *Gunter Lösel: Das Archetypenspiel. Grundformen menschlicher Begegnungen.*
Zur ursprünglichen Darstellung der Archetypenlehre siehe *C.G. Jung: Die Archetypen und das kollektive Unbewusste*

[41] Die Grundgesten habe ich weitgehend von Gunter Lösel übernommen.

Schatten	Auflauern	Negativbild des Helden (oft Antagonist)
Mentor	Anführen	Beispiel geben
Schwellenhüter/ Türhüter	Den Weg verstellen	Negative Schwelle
Trickster/Schelm	Nachäffen, Veralbern	Alternative Weltsicht/ Comic Relief

Erdung

Je mehr man verallgemeinert, umso eher landet man bei Klischees. Je spezifischer und genauer man spielt, umso größer die Wahrscheinlichkeit, dass wir Kunst erschaffen. Dies trifft im Grunde auf jeden Bereich der Kunst zu. Beim Schauspiel bezieht sich das vor allem auf die emotionalen Reaktionen und die Darstellung der Charaktere.

Im Improtheater bewegen wir uns zwar zum großen Teil im Bereich der Komödie. Aber auch komische Figuren brauchen emotionale Erdung. So kann eine überaus ängstliche Person komisch sein, wenn sie sich davor fürchtet, einkaufen zu gehen, da sie glaubt, von anderen als „frech" wahrgenommen zu werden. Diese Angst, so absurd sie auch erscheinen mag, muss dennoch emotional wahrhaftig gespielt werden, sonst wirkt die Figur einfach nur albern, und die Komik verfliegt.

Ein zweites Mittel, eine komische Figur zu erden, ist, ihr ein seriöses Gegenüber zu bieten, an dem sich die Komik entzünden kann. Mehr als einen Narren verträgt kaum eine Szene. Angenommen, unsere ängstliche Person betritt den Blumenladen und trifft dort auf einen Verkäufer, der glaubt, im 16. Jahrhundert zu leben, während eine weitere Kundin ihre Bestellung gesungen abgibt, so landen wir im Tohuwabohu. Jeder einzelne Narr wäre in einer Szene interessant, aber so bleiben sie miteinander unverbunden. Das heißt, der Angsthase braucht zum Beispiel einen

Verkäufer, der *normal,* also irritiert, auf sein Verhalten reagiert. Auf diese Weise können sie sich gegenseitig anstacheln und die Komik der Szene vorantreiben.

Drittens: Bleib bei deiner Figur und ihrer momentanen emotionalen Welt. Anstatt dir beliebig irgendetwas „auszudenken", was die Figur jetzt sagen könnte, finde heraus, was *jetzt* der nächste Schritt ist. Erst das führt zur Komik der Szene, nicht die Aneinanderreihung beliebiger Absurditäten. Folgende Szene fand vor einer Weile in einem Impro-Training statt:

> Zwei Messebauer bereiten eine Modemesse vor. Sie montieren Gerüstteile.
>
> **Alex** *(im Tiefstatus)*: Bist du mir noch böse?
>
> **Kolja** *(im negativen Hochstatus)*: Ob ich noch böse bin? Du machst wohl Witze.
>
> **Alex**: Na, du siehst aus, als ob du schlechte Laune hast.
>
> **Kolja**: Das ist ja vielleicht auch normal, wenn du mit meiner Frau schläfst.
>
> **Alex**: Ich wusste es. Du bist sauer.
>
> **Kolja**: Jetzt? Du willst *jetzt* darüber reden?
>
> **Alex**: Ja ... äh, nein. Äh, doch.
>
> **Kolja** *(steigert sich in seinen Ärger):* Wir kennen uns zehn Jahre, sind seit sieben Jahren Kollegen und arbeiten seit vier Tagen an diesem Projekt. Und in fünf Minuten fängt die Präsentation an.
>
> **Alex**: Es tut mir wirklich leid. Es hat mir auch nichts bedeutet. Ich bin ja jetzt nicht verliebt oder so. Ich mag sie überhaupt nicht. Sie ist nichts Besonderes.
>
> **Kolja**: Nichts Besonderes?? Meine Frau ist großartig! Sie ist geil! Richtig geil.
>
> **Alex**: Ja, das stimmt. Geil ist sie. Wahnsinnig geil.
>
> **Kolja** *(bricht schluchzend zusammen):* Oh nein! Meine Ehe! Unsere Freundschaft!

Alex (legt ihm tröstend die Hand auf die Schulter): Das wird schon wieder alles gut.

Kolja *(weint immer noch):* Entschuldige bitte. Ich werde immer so schnell wütend.

Alex *(jetzt im positiven Hochstatus)*: Ich vergebe dir alles. Und nun lass uns schnell weiterarbeiten. In drei Minuten beginnt die Präsentation.

Natürlich ist die Szene absurd. Aber sie gewinnt ihren Schwung dadurch, dass die Spieler bei ihren Charakteren bleiben, auf ihre körperlichen Reaktionen achten, aufeinander hören und sich durch das Gehörte emotional verändern lassen.

6 IMPULSE UND ASSOZIATIONEN

6.1 Wahrnehmung von Impulsen

Für Improvisations-Anfänger ist das Vertrauen in die eigenen Impulse ein Schlüssel zur mutigen Improvisation. Den Impuls zu spüren und ihn zu nutzen, hilft, den inneren Kritiker und die Selbstzweifel auszuschalten. Viele der bekanntesten Impro-Spiele fördern genau dieses produktive Nutzen des Impulses: Wir müssen inhaltlich nicht nach der allerbesten Idee suchen, vielmehr ist die erstbeste Assoziation oder Reaktion gerade gut genug. Mein Lieblings-Spiel ist hier die Ein-Wort-Geschichte, bei der man sofort reagieren muss und es schlicht unmöglich ist, vorauszudenken.

Ein-Wort-Geschichte

Zwei bis acht Spieler erzählen gemeinsam eine Geschichte.

Der erste Spieler sagt das erste Wort, der zweite Spieler das zweite Wort und so weiter. Mit etwas Glück entsteht eine seltsame und unvorhersehbare Geschichte.

Impulse beziehen sich aber nicht allein auf den Inhalt, sondern auch auf die emotionale Reaktion. Was ist die erste emotionale

Reaktion (deiner Figur), wenn dein Gegenüber die Nachricht überbringt, seinen Monatslohn verspielt zu haben? Ärger? Wut? Mitleid? Trauer? Weitere Impulse beziehen sich auf die körperliche Bewegung und den szenischen Rhythmus: Wann betrete ich die Bühne? Wann und wie bewege ich mich auf der Bühne von einem zum anderen Ort? Wann gehe ich ab?

Stop-Spiel[42]

Drei bis zwölf Spieler

Zwei Spieler spielen eine sehr kurze Szene. Nach wenigen Augenblicken (am besten nach dem ersten Beat) klatscht einer der außenstehenden Spieler. Daraufhin halten die beiden Spieler inne. Der außenstehende tippt einen der Beiden ab, nimmt dessen Position ein und spielt aus dieser Körperlichkeit eine neue Szene.

Anmerkung:
Dieses Spiel sollte schnell gespielt werden. Die außenstehenden Spieler sollten *ohne* Idee die Szene betreten. Sie sollten auf den Rhythmus der Szene achten, anstatt im Kopf nach Ideen zu suchen. Desweiteren mögen die Spieler darauf achten, beim „Freeze" nicht zu erstarren, sondern lediglich lebendig atmend innezuhalten.

Je mehr wir zu körperlicher Zurückhaltung und zum Bewerten unserer Assoziationen neigen, je mehr wir das Gefühl haben, dass unsere Shows träge werden, umso wichtiger ist es, die eigene Wahrnehmung für Impulse zu trainieren.[43]

---

[42] Unter vielen Namen, besonders auch als „Freeze Tag", bekannt.

[43] Oft werden Impro-Anfänger nach einem Jahr etwas langsamer, paradoxerweise weil sie *zu viel* über Improtheater wissen, was dazu führt, dass sie es „richtig" und „gut" machen wollen und somit Spontanität verhindert. Aber auch Profi-Gruppen sollten in Phasen von Lahmheit und Verkopftheit ihre Impuls-„Muskeln" wieder neu trainieren.

6.2 Umgang mit Impulsen

So wichtig es ist, die körperlichen und emotionalen Impulse wahrzunehmen, so entscheidend ist es im zweiten Schritt, wie wir mit ihnen umgehen. In einem Workshop sah ich folgende Szene:

> **Robert**: „Es tut mir leid, Nadja, dass ich wieder zu spät gekommen bin."
>
> **Nadja** *(steigert sich allmählich in ihre Wut):* „Es tut dir also leid, Robert? Weißt du, dass Doktor Weißbach vor zehn Minuten gegangen ist? Und weißt du, dass der Auftrag von Doktor Weißbach unsere Firma hätte retten können? Und weißt du, wer daran schuld ist, dass wir pleitegehen? Du!"

Ein energiegeladener Start, es wird definiert, wir haben die volle Packung Emotion. Also, was könnte das Problem sein? Das Problem bestand darin, dass Wut die *einzige* emotionale Reaktion war, mit der die Schauspielerin der Nadja jedes Mal auf negativ getönte Angebote reagierte. Das fällt bei einer Szene zunächst nicht weiter auf, aber auf Dauer engt es unseren spielerischen Radius ein.

Impulse sind lediglich Marker, keine Handlungsnotwendigkeit. Das heißt, sobald wir verinnerlicht haben, unseren Impulsen zu vertrauen, weil wir wissen, dass sie uns zu etwas führen werden, müssen wir im zweiten Schritt lernen, mit den Impulsen zu *spielen*.

> **Übung Neue emotionale Reaktion**
>
> Drei bis zehn Spieler
>
> Ein Spieler steht im Fokus. Ein anderer Spieler macht ein verbales Angebot, das aus nur einem Satz besteht. Auf diesen Satz soll spontan emotional reagiert werden, möglichst mit dem naheliegenden Impuls. Der nächste Spieler bietet genau denselben Satz an, woraufhin nun mit einer anderen

Emotion reagiert werden soll. Die nächsten sechs bis zehn Male wird immer wieder derselbe Satz angeboten.

Anmerkung: Zu Beginn lohnt es sich, mit langweiligen oder neutralen Angeboten zu starten, wie etwa: „Der Stuhl steht nebenan." Später kann man zu emotional aufgeladenen verbalen Angeboten wie „Ich werde Tobias heiraten", übergehen.

Indem wir auf diese Weise unsere Palette erweitern, geben wir uns selbst die Möglichkeit, direkter auf die Szene zu reagieren: Die Frage „Was braucht die Szene?" steht dann eher im Mittelpunkt als das Sich-Frei-Spielen.

Für manche Impro-Schüler fühlt es sich befremdlich an, die eigenen Impulse zu erweitern. Für sie gibt es nur den einen Impuls, der alles bestimmt: „Aber meine Figur wollte das so!" oder „Das ist eben mein Impuls!"

An diesem Punkt müssen die Schüler lernen, dass es im Improtheater um mehr geht als um impulsives Drauflos-Assoziieren: Man kann Szenen farbenfroher gestalten, wenn man ein großes Reaktions-Repertoire zur Verfügung hat. Die Szene hat nicht dir zu dienen, sondern du der Szene. Aus einer Szene, die von zwei Schülern im fortgeschrittenen Anfänger-Niveau gespielt wurde:

Thomas *(Musiklehrer, Tiefstatus, sitzend):* „Ich habe mein Bestes gegeben. Die Klasse scheint mich zu boykottieren!"

Saskia *(Rektorin, Hochstatus, läuft ruhig durch den Raum):* „Ihr Bestes besteht also darin, sie fünfstimmige Bach-Choräle singen zu lassen?"

Thomas: „Das war doch nur ein Versuch."

Saskia *(hält inne):* „Ein Versuch also?" Langsam geht sie auf ihn zu, streckt ihren Zeigefinger aus und stupst ihn an seine Nase. „Ein Versuch?"

Thomas: „Entschuldigung. Es war ein Fehler ..."

Das Wunderbare an dieser Szene war, dass Thomas *nicht* gegen den Nasenstups protestierte. Sich diese Erniedrigung gefallen zu lassen, beziehungsweise zu erkennen, dass man ja nicht selber erniedrigt wird, sondern die Figur (dass also ein Status-Spiel stattfindet), erfordert ein hohes Maß an Impuls-Kontrolle.

6.3 Impulse und das Ensemble

Je größer das Ensemble, umso größer ist die Wahrscheinlichkeit, dass die Spieler ein unterschiedliches Timing empfinden, dass die inneren Uhren unterschiedlich ticken. Das ist im Prinzip auch nicht weiter schlimm für die Show, da sich verschiedene Tempi am Ende oft ausgleichen. Problematisch wird es dann, wenn das Ungleichgewicht nicht nur für eine Show besteht, sondern sich in der Gruppe Gewohnheiten einschleichen, die dazu führen, dass manche Spieler immer wieder deutlich präsenter auf der Bühne sind als andere.

> Ein Ensemble von zehn Spielern spielt eine Impro-Show. Nach einer Szene gehen zwei Spieler von der Bühne ab. Die Bühne ist leer. Niemand sonst betritt sie. Also zählt Michael, der gerade von der Bühne abgegangen war, leise: „Einundzwanzig, zweiundzwanzig, dreiundzwanzig ...", und nach der dritten Sekunde betritt er die Bühne als Erster, woraufhin ihm eine zweite Spielerin folgt. Nach der Show beginnt der Streit. Die einen werfen Michael vor, mit seiner rampensäuischen Art anderen Mitgliedern keine Chance zu geben. Michael selbst meint, die anderen seien deutlich zu langsam für eine Impro-Show, und wiederum andere sind ganz dankbar dafür, dass Michael die Rolle des Zugpferds übernimmt.

Die gegenseitigen Schuldzuweisungen helfen nichts. Denn jeder hält seine eigene Position für „normal". Man sollte es aber nicht beim Status Quo belassen, der das Problem auf Dauer meist eher verschärft und für Frust in der Gruppe sorgt.[44] Die Lösung, um zu einem gemeinsamen, geschmeidigen Timing zu kommen, liegt in der Impulskontrolle, beziehungsweise darin, ein gemeinsames Zeitgefühl zu entwickeln.

Dafür solltet ihr Szenen-Übergänge trainieren, und anschließend diskutieren, ob diese von außen, das heißt aus Zuschauerperspektive, eher zu langsam oder zu hektisch wirkten. An diesem gemeinsam entwickelten Zeitgefühl solltet ihr euch auch in den Shows orientieren. Das Problem ist oft, dass die Anwesenheit des Publikums das eigene Zeitempfinden stark beeinflusst. Die Einen bekommen dann Hummeln im Hintern, die anderen verfallen vor Aufregung in eine Art Angst-Starre. Übergangsweise kann man auch ins Extrem gehen: Die „Langsamen" dürfen die Bühne höchstens eine Sekunde leer lassen, die „Schnellen" müssen mindestens bis fünf zählen.

Ähnlich wie das Timing lassen sich durch das gegenseitige Beobachten und Feedback in den Proben auch weitere Impulse und Gewohnheiten neu kalibrieren: Status, Tempo auf der Bühne, positive/negative Reaktionen, Hoch- oder Tiefstatus-Reaktionen.

---

[44] Zur Kommunikation innerhalb von Impro-Gruppen siehe: *Improvisationstheater. Band 8: Gruppen, Geld und Management.*

7 SPEZIELLE TECHNIKEN

7.1 Personen verschiedenen Alters Spielen[45]

7.1.1 Kinder

Fürs Spielen von Kindern gilt:

- Habe einen ausgeprägten Bewegungsdrang. Bewege dich rennend und wechsle häufig die Position im Raum.
- Bewegungen sind leicht.
- Fummle am eigenen Körper herum.
- Was du siehst, wird angefasst.
- Sprich mit *leicht* erhöhter Stimme in leicht verengtem Vokalraum.
- Spiele tendenziell kluge Kinder.
- Alle Emotionen werden sofort und eine Nummer größer gespielt.

[45] Die folgenden Hinweise sind natürlich Verallgemeinerungen. Wie weit man sich daran bedienen abweichen will, liegt im eigenen Ermessen.

- Denke anarchistisch.

Vermeide:

- Nörgelnde Kinder. (Kinder nörgeln eher selten. Und wenn, dann sind es meist Kinder, die sonst von Erwachsenen nicht ernst- oder wahrgenommen werden.)
- Dümmliche oder übermäßig naive Kinder.
- Gehe nicht auf die Knie, wenn du ein Kind spielst.

7.1.2 Jugendliche

- Pendle zwischen erwachsenem Anspruch und kindlichem Verhalten.
- Benutze Möbel unangemessen.
- Grenze dich tendenziell von Erwachsenen ab.
- Sei genervt, fühle dich eingesperrt.
- Habe emotionale Ausbrüche. Alles ist eine Frage von Leben und Tod.
- Nimm Posen ein.
- Sei klug aber nicht weise.
- Denke rebellisch.

Vermeide:

- Zu negative Charaktere.

7.1.3 Alte Leute

Alte Menschen sind im echten Leben meist deutlich mobiler und fähiger als sie auf der Impro-Bühne dargestellt werden. Aus irgendeinem Grund holen (vor allem junge) Impro-Spieler eine gemimte Krücke hervor und machen einen Buckel, sobald ihre Figur älter als 59 ist.

- Hab Lebenserfahrung, aber sei etwas engstirnig.
- Habe nachlassende Körperspannung in der Hüfte, in den Knien, in den Schultern.
- Greise Menschen bewegen sich vorsichtig.

- Habe einen kleineren wiederkehrenden Schmerz: Im Rücken, im Zahn, im Knie usw.
- Sei altersmilde.
- Denke konservativ.[46]

Beachte:

- Nur weil jemand alt ist, ist er nicht komplett eingeschränkt. Habe also einen guten Grund, wenn du eine völlig gehandicapte Person spielst.

7.2 Männer als Frauen und Frauen als Männer

Es gibt vielleicht einen einzigen Grund, warum man auf der Bühne eher sparsam mit dem Geschlechtertausch umgehen sollte: Figuren-Effizienz. Wir müssen als Impro-Spieler (meist ohne Kostüme oder Hilfsmittel) nicht nur rasch klarmachen, wer wir sind, sondern auch in dieser Rolle *überzeugen*.

Es gibt aber Dutzende Gründe, warum man auf der Bühne als Frau einen Mann spielt und als Mann eine Frau: Mangel an Spielern des gerade geforderten Geschlechts, künstlerischer Dreh, aus Lust und Laune, aus politischen Gründen, als Teil des Genres und so weiter.

Das Problem ist: Viele dieser Cross-Gender-Darstellungen überqueren die Grenze des Trash, da sie Geschlechter-Klischees ins Groteske überzeichnen, oder (was seltener vorkommt) sie begnügen sich mit derart subtilen Andeutungen, dass die Überschreitung nicht erkannt wird.

Hier eine kurze Liste physisch-gestischer Vokabeln, die sich als hilfreich für eine rasche Skizzierung erwiesen haben.[47] Dies

---

[46] Die Begriffe „anarchistisch", „rebellisch" und „konservativ" sind nicht unbedingt politisch gemeint, sondern beziehen sich im weitesten Sinne auf eine Geisteshaltung: Was kann oder sollte man tun und lassen.

[47] Ich möchte hinzufügen: Natürlich sind hier zum Teil einige Klischees versammelt. Seit den 1960er Jahren ist die Grenze zwischen Gesten, die als typisch männlich oder

sind Shortcuts, und es ist auch nicht nötig, alle diese Merkmale zu bedienen. Und sie zu bedienen, bedeutet auch nicht, dass damit die schauspielerische Arbeit erledigt wäre.

Wenn du als Mann eine Frau spielst:

- Winkle ganz leicht und kaum sichtbar die Handgelenke an.
- Wenn du etwas aufhebst, hocke dich nicht hin, sondern bücke dich mit durchgedrückten Knien.
- Berühre kleinere Gegenstände, wenn möglich, nur mit den Fingern, nicht mit der Handfläche.
- Gehe mit etwas (!) kleineren Schritten als du es sonst tust. Lege das Gewicht ein wenig mehr auf die Ballen als auf die Fersen.
- Berühre das eigene Gesicht nur ausnahmsweise und wenn, dann mit den Fingerspitzen.
- Halte beim Sitzen die Knie zusammen.
- Wenn du flirtest, spiele mit dem eigenen Haar.
- Erhöhe die Stimme minimal: Zirka eine Quinte über der eigenen.
- Falls du Tiefstatus spielst, neige den Kopf zur Seite.

Vermeide:

- die Pieps-Stimme
- die Ellbogen-am-Körper-Gesten
- alles, was an übertriebene Travestie erinnert

Wenn du als Frau einen Mann spielst:

- Gehe mit ausladenden Schritten.
- Die Handgelenke sind ganz leicht nach innen gebogen.
- Packe Gegenstände mit der gesamten Hand.
- Beim Sitzen sind die Knie auseinander.

---

weiblich gelten, verschwommen. Dennoch gibt es nach wie vor *Tendenzen:* Wenn sich jemand mit der flachen Hand übers Gesicht wischt, ist es zu 90 Prozent ein Mann. Wer sich mit durchgedrückten Knien bückt, ist fast immer eine Frau.

- Wenn du etwas vom Boden aufhebst, gehe in die Hocke statt dich zu bücken.
- Wenn du nervös bist, spiele am Bart.
- Wische in Momenten von Stress, Trauer usw.: mit der Hand übers Gesicht.
- Stimme nur leicht senken.

Vermeide:

- gepresste Brummstimme
- im Schritt kratzen

7.3 Spielen von Handicaps und Einschränkungen

Das Feature „Körperliche Behinderung" sollte man nicht zu oft wählen. Erstens, und dieser Grund scheint fast banal, weil er die Optionen der Figur und des Miteinanders auf der Bühne einschränkt. Zweitens: Da Improtheater zum Komödiantischen neigt, lauert hier auch immer die Gefahr der Geschmacklosigkeit, wenn die Behinderung als Feature präsentiert wird.

Das bedeutet nun aber nicht, dass jede Darstellung eines Sprachfehlers oder einer Behinderung geschmacklos sein muss. Wieder hilft der Blick in die Geschichte des Theaters. Eine der großen Theaterrollen, nämlich Richard III. ist ein buckliger verwachsener Kerl. Der Glöckner von Notre Dame ist sowohl körperlich als auch geistig behindert und strahlt doch eine eigene Würde aus. Rain Man ist legendär für die Dustin Hoffmans Darstellung eines Autisten. In Chaplins „Lichter der Großstadt" ist die Blindheit des Blumenmädchens sogar eine Quelle der Komik (auf Kosten des sie anbetenden Tramps). Die Behinderung oder der Sprachfehler müssen nicht einmal Thema der Szene oder des Stückes sein.

Wenn die Szene eine Person mit Einschränkungen erfordert, lege sie möglichst so an, dass sie auf anderen Gebieten besonders fähig ist: Ein scharfsinniger Politiker im Rollstuhl, eine blinde

Prophetin (wie Kassandra), ein Debiler mit beachtlichen körperlichen und emotionalen Fähigkeiten (wie Forrest Gump).

7.3.1 Blindheit

Wenn die Szene erfordert, dass deine Figur blind ist, spiele sie mit offenen Augen.[48] Denn du *als Spieler* musst ja wahrnehmen, was in der Szene geschieht.

Beim Publikum die Illusion zu erzeugen, offenen Auges nicht sehen zu können, erfordert eine besondere Technik. Man muss den Blickfokus auf „weit" stellen und dabei gleichzeitig in sich hinein lauschen. Zu keinem Zeitpunkt sollte man einen bestimmten Punkt im Raum fixieren, auch nicht die Mitspieler. Zum Üben kann man zunächst probieren, auf einen Gegenstand hinter dem Mitspieler zu schauen.

7.3.2 Psychische und geistige Behinderung

Der Bereich der psychischen und geistigen Behinderung ist eine äußerst heikle Angelegenheit. Im Bereich der Comedy ist die Grenze des Sich-Darüber-lustig-Machens rasch überschritten. Das mag noch zu verkraften sein, wenn es sich um eine Berufsgruppe handelt, aber psychische und vor allem geistige Behinderung ist oft mit Leid und Diskriminierungserfahrung verbunden.

Heißt das nun, dass wir uns die Darstellung von psychischer und geistiger Beeinträchtigung völlig verbieten sollten? Das denke ich nicht. Denn grundsätzlich gehe ich davon aus, dass im Improtheater alles möglich sein sollte, was auch in geschriebenen Stücken oder Filmen gezeigt wird. In der Konsequenz bedeutet das, dass wir für die Darstellung dieser Behinderungen ein hohes Maß an Sensibilität aufbringen sollten. Insbesondere kann man sich fragen: Braucht die Szene jetzt diese Figur? Und

---

[48] Dasselbe gilt für Schlafende. In diesem Fall schließe die Augen zu einem schmalen Schlitz.

bin ich selbst in der Lage, sie angemessen und authentisch darzustellen?

Falls man dieses Thema als Impro-Spieler oder -Gruppe angehen möchte, sollte man sich damit sachlich auseinandersetzen und im geschützten Setting proben.

Wenn du dir auf der Bühne nicht sicher bist, ob die Darstellung einer behinderten Person die angemessene Option ist – lass die Finger davon.

7.4 Puppenspiel

Ein kleines Geständnis: Puppen, Kuscheltiere und Handpuppen ins Improtheater einzubeziehen, ist eine heimliche Leidenschaft von mir, die leider (noch) nicht von vielen Spielern geteilt wird. Dennoch gibt es immer wieder hoffnungsvolle Experimente und auch Gruppen, die Puppenspiel regelmäßig in ihr Repertoire einbauen. Denn viele gute Impro-Spieler haben selbst die Grundhaltung, Puppen zu sein, die von einer höheren Instanz „gespielt werden".

Ich werde hier nicht die umfassenden Grundlagen des improvisierten Puppenspiels ausbreiten, möchte aber ein paar Schnellrezepte geben, um die Hemmschwelle zu senken und zeigen, wie man rasch gute Effekte zu erzielen vermag.

7.4.1 Lebendigkeit

Ob eine Puppe „ankommt", hängt weniger von der Originalität oder Gestaltung ab, sondern davon, ob wir in ihr ein lebendiges Wesen erkennen. Wenn Erwachsene für Kinder mit einer Kasperlepuppe oder einem Klappmaul-Tier spielen, sieht man oft nur ein Hin-und-Her-Gewackel. Der ganze Körper schlackert in einem fort. Das Klappmaul öffnet sich weit nach oben, unabhängig davon, was oder wie gesprochen wird.

Man betrachte hingegen Kermit den Frosch aus der Muppet-Show. Dieser lebendige Charakter entstand aus nichts weiter als den Resten eines Mantels, einer Socke und einem zerschnittenen Tischtennisball für die Augen. Die Figur hat ihr eigenes inneres Erleben und ihre Marotten, und man könnte sie sich gar nicht anders vorstellen. Der Körper, seine Möglichkeiten und seine Begrenzungen erfordern geradezu eine bestimmte Spielweise. Lebendigkeit erlangen wir durch den Atem.

Übung Ein lebendiges Wesen entdecken[49]

Lege deine Hand auf den Tisch oder auf den Boden. Entspanne sie. Betrachte sie wie ein eigenständiges lebendiges Wesen.

Das Wesen schläft und atmet. Atme mit ihm. Spüre seine Schwere.

Das Wesen erwacht langsam. Es beginnt, sich nach und nach zu bewegen.

Forciere nicht deine eigene Vorstellung auf das Wesen, denn es hat einen eigenen Geist. Beobachte es eher, als dass du ihm deine Ideen aufdrückst.

Das Wesen beobachtet seine Umgebung. Es kann sie sehen. Es kann sie riechen. Es kann sie hören. Finde heraus, wo seine Sinnesorgane sind.

Das Wesen bewegt sich durch den Raum. Beachte weiterhin seine Schwere. Finde heraus, ob es kriecht, hüpft oder schreitet.

Warum nur die Hand und nicht schon eine Puppe? Die eigene Hand ist unmittelbarer Teil des Körpers. Jede kleinste Regung ist sofort sichtbar. Und vor allem: Wir sehen, dass dieses nichtpuppenhafte Wesen ein Eigenleben entwickeln kann.

---

[49] Diese und einige der folgenden Übungen sind teilweise inspiriert aus dem Buch „Puppetry. How to do it" von Mervyn Millar. Für unsere Zwecke habe ich sie teilweise stark abgewandelt.

7.4.2 Charakter

Jede Puppe entfaltet nach und nach ihren eigentümlichen Charakter. Welcher Charakter das ist, liegt zum Teil daran, was wir Spieler in ihr sehen. Vor allem aber zeigt sich der Charakter in ihrer Möglichkeit sich zu bewegen, in ihren Einschränkungen, in ihrem körperlichen und vielleicht auch in ihrem Gesichtsausdruck. Ernie aus der Sesamstraße wird, bei allem emotionalen Reichtum, letztlich immer ein fröhlicher Grundtyp bleiben, während sein Gegenpart Bert den Grundausdruck des Erstaunens nie ganz ablegen kann.

Übung: Das Tier entdecken

Jeder aus der Gruppe bringt ein Kuscheltier mit. Zur Not geht auch ein Tuch, ein Kleidungsstück oder auch ein Stöckchen. (Wenn es ein Kuscheltier ist, sollte es okay für euch sein, dass andere damit spielen.)

Jeder bekommt ein fremdes Kuscheltier zugelost. Es wird auf dem Boden gespielt.

Berühre es mit der Hand. Es schläft. Atme mit ihm.

Lass es erwachen.

Es räkelt und streckt sich und dreht sich nach allen Seiten um.

Neugierig bewegt es sich durch den Raum. (Die anderen Tiere sind für es noch nicht sichtbar.)

Finde heraus, ob es kriecht, springt, watschelt, flattert.

Wie bewegt es seinen Kopf.

Atme weiter mit ihm.

Es darf nun kleine emotionale Ausrufe wie „Ah ja!“, „Hmm!“ „Oh je!“ usw. von sich geben.

Gibt es eine körperliche Grundhaltung, die eine bestimmte Emotion impliziert? Mache sie größer.

7.4.3 Interaktionen zwischen Puppe und Mitspieler

Die naheliegende Assoziation für viele Impro-Spieler ist, die Puppe als das anzuspielen, was sie verkörpert – einen Pinguin, einen Frosch, ein blaues Monster. Doch es ergeben sich viel mehr Möglichkeiten, wenn die Puppe wie ein weiterer Charakter behandelt wird. Außerdem erweitert es die Phantasie der Spieler und der Zuschauer und lässt besondere Formen der theatralen Poesie entstehen. Der Pinguin kann ein Strafrichter, der Frosch der beste Freund, das blaue Monster das schlechte Gewissen sein.

Da die Puppen oft deutlich kleiner sind als die Menschen, werden sie oft automatisch auch als klein, unterlegen, beschützenswert und als Tiefstatus angespielt. All das ist nicht nötig. Im Gegenteil, der Effekt einer relativ kleinen Puppe, die auf menschliche Mitspieler im Hochstatus agiert, ist bemerkenswert.

7.4.4 Puppen unter Puppen

„Reines" improvisiertes Puppenspiel ohne menschliche Akteure ist relativ anspruchsvoll. Da sich die Figuren im Laufe einer Szene oder eines Stücks verändern, muss man in der Lage sein, die komplette emotionale und charakterliche Flexibilität der Puppen auszunutzen, anstatt sie auf einen Typus von vornherein festzulegen. Ich empfehle intensives Proben und Ausprobieren.

7.5 Kostüme und Accessoires

Zum Zeitpunkt, da ich diese Zeilen schreibe, sind Kostüme im Improtheater eher eine Rarität.[50] Das liegt ein bisschen in der Natur der Sache: Jedes Kostüm schränkt die Ausdrucksmöglichkeiten ein. Wenn du in einem Arztkittel die Bühne betrittst,

---

[50] Siehe dazu auch: *Improvisationstheater. Band 8: Impro-Shows*

wirst du von deinen Mitspielern wohl kaum mehr als Pharaonin angespielt. Dieser Einschränkung steht aber auch ein Reichtum des Bühnen-Ausdrucks gegenüber. Schließlich ist Theater auch eine visuelle Kunst. Es lohnt sich, mit Kostümen zu experimentieren und ihre Wirkungen, Möglichkeiten und Grenzen kennenzulernen. Wir unterscheiden im Folgenden zwischen Spontan-Kostümen und vorbereiteten „fixen" Kostümen.

7.5.1 Spontan-Kostüme

Ein Spontan-Kostüm ist eines, das man sich als Spieler kurz vor dem Betreten der Bühne schnappt und rasch aufsetzt, anzieht oder überstreift, um die Figur deutlicher zu charakterisieren. Das kann ein Feuerwehrhelm, eine Stola, ein Zylinder, ein Trenchcoat, ein Leopardenfellmantel sein. Der große Vorteil dieser Spontan-Kostüme besteht darin, dass nicht nur die Zuschauer schneller Bescheid wissen, sondern das Kostüm auch ein sehr deutlich lesbares Angebot an die Mitspieler ist. Angenommen, dein Mitspieler etabliert, sich nachts als Einbrecher gerade an einer Tür zu schaffen zu machen, und du betrittst schweigend die Bühne. Das wäre ein mehrdeutiges (auch „blindes") Angebot. Wenn du dabei aber eine Polizistenmütze trägst, muss die Frage, wer du bist, nicht mehr geklärt werden. Mit anderen Worten: Ein Spontan-Kostüm ist auch ein sehr effizientes Definitions-Instrument.

Das Spontan-Kostüm markiert die Figur nur grob und wirkt eher wie eine Skizze, zum Beispiel wenn die bereits erwähnte Polizistenmütze von einer Spielerin in Alltagskleidung getragen wird. (Um den Stilbruch so gering wie möglich zu halten, empfiehlt sich schwarze Kleidung, die hier wie ein neutraler Hintergrund am Körper wirkt.)

Generell solltet ihr euch nicht von der Option, ein Kostüm auswählen zu können, von der Szene ablenken lassen. Macht euch vor der Show mit den Kostümen vertraut, anstatt währenddessen vor dem Garderobeständer zu stehen und abzuwägen welches Accessoire denn jetzt am besten passen würde.

Im Zweifel gib der Szene den Vorrang. Wenn also auf der Bühne ein Spieler sich ans Herz fasst und „umkippt“ und seine Mitspielerin in Panik ruft „Frau Doktor! Frau Doktor!“, dann verliere keine Zeit mit dem Suchen des Arztkittels, sondern geh auf die Bühne, wo die Szene dich braucht.

7.5.2 Fixe Kostüme

Fixe Kostüme werden bereits vor der Show festgelegt. Sie können durchaus aufwendiger sein. Im Improtheater können wir sie vor allem in langformatigen Genre-Improvisationen verwenden: Cowboy-Outfits im Western, die entsprechenden Trikots in einer improvisierten Star-Trek-Enterprise-Parodie usw.

Es empfiehlt sich, bei aller Vorbereitung dennoch flexibel zu bleiben und mit dem Kostüm kreativ umzugehen:

> Bei einer Impro-Show im Stil von Tschechow hatte die Improvisiererin Editha Kötter sich mit viel Aufwand in Schale gelegt – in der Annahme, die Rolle einer Hausdame, einer Lehrerin oder etwas Ähnliches zu spielen. Dann erforderte das Stück jedoch ein Küchenmädchen, und mit wenigen Handgriffen nahm sich Editha die Perlenketten ab und funktionierte ihre feine Spitzenstola in eine Küchenschürze um.

7.5.3 Impro im Kostüm

Kostüme funktionieren meines Erachtens erst dann richtig, wenn sie nicht nur Hülle sind, wenn sie nicht nur nach außen als Erkennungs-Signal wirken, sondern wenn sie sich unmittelbar aufs Spielen auswirken. Impro-Spieler sollen ja mehr als nur sprechende Garderobenständer sein.

In dem Moment, wo du dein Kleidungsstück oder Accessoire anziehst oder aufsetzt, solltest du ihm Gelegenheit geben, deine Körperlichkeit zu bestimmen. Wie verändern sich deine Bewegungen? Wie nimmst du die Welt jetzt wahr? Ändern sich deine Haltung und Einstellung zu Personen und Ereignissen? Welche Grund-Emotionen werden beim Tragen dieses Kleidungsstück erweckt? Wie so oft im Improtheater läuft dieser Prozess nicht so sehr auf der intellektuellen, sondern auf der unmittelbaren körperlichen Empfindungsebene ab. Wir überlegen nicht lange, sondern assoziieren physisch, gedanklich und emotional. In einer Jeans-Kutte wird man sich anders bewegen als in einem Sakko. Ein Hausmeisterkittel weckt andere Bewegungs-Assoziationen als ein Arztkittel. Und ein Barett der Luftwaffe lässt einen anders assoziieren und handeln als eine Bommelmütze.

Game Kleidungsstück aus dem Publikum

Zirka zwei bis vier Spieler. Jeder lässt sich ein Kleidungsstück oder Accessoire von den Zuschauern geben. Dieses Kleidungsstück soll die Persönlichkeiten der dargestellten Figuren beeinflussen.

Anmerkungen: Achtsam mit der Kleidung des Publikums umgehen. Jackentaschen leeren. Das Spiel taugt sowohl für eine Einzel-Szene als auch für eine Langform.

8 VERZEICHNIS DER SPIELE UND ÜBUNGEN

8.1 Emotionen

8.2 Pantomime

8.3 Charaktere

8.4 Stimme

8.5 Status

8.6 Puppen

Übung Ein lebendiges Wesen entdecken: S. 132
Übung Das Tier entdecken: S. 133

8.7 Diverse

Übung Zeitlupen-Samurai: S. 46
Übung Opfer sein: S. 47
Übung Haare-Ziehen: S. 47
Übung Tiere im Status: S. 93
Game Ein-Wort-Geschichte: S. 119
Game Stop-Spiel: S. 120
Game Kleidungsstück aus dem Publikum: S. 137

IMPROVISATIONSTHEATER. ALLE BÄNDE

Improvisationstheater. Band 1: Die Grundlagen

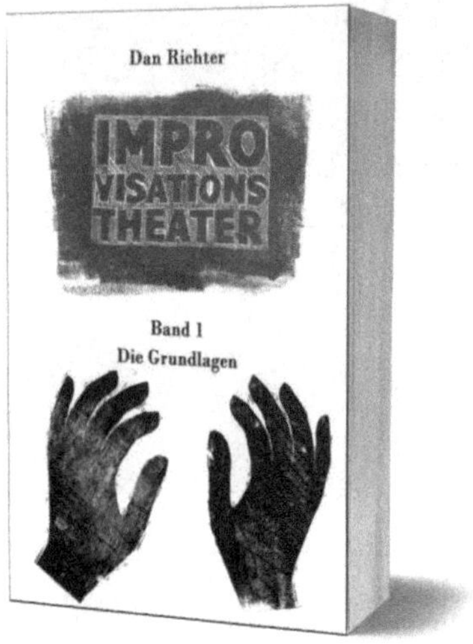

Improvisationstheater ermutigt, uns dem Moment zu überlassen und in eine lebendige Interaktion mit den Mitspielern und dem Publikum zu gehen, Neues zu wagen, Ängste hinter uns zu lassen und die eigenen Fähigkeiten zu erweitern. Dieser Band beleuchtet für Anfänger, Fortgeschrittene und Lehrer die Grundlagen des Improvisationstheaters. Wie erlangen wir Selbstvertrauen und die Sensibilität, auf den Partner eingehen zu können? Wie begegnen wir der Improvisation, damit sie zu dem werden kann, was in ihr schlummert – eine Kunst.
Veröffentlicht: Oktober 2018 (Neuauflage 2022)

Improvisationstheater. Band 2: Schauspiel-Improvisation

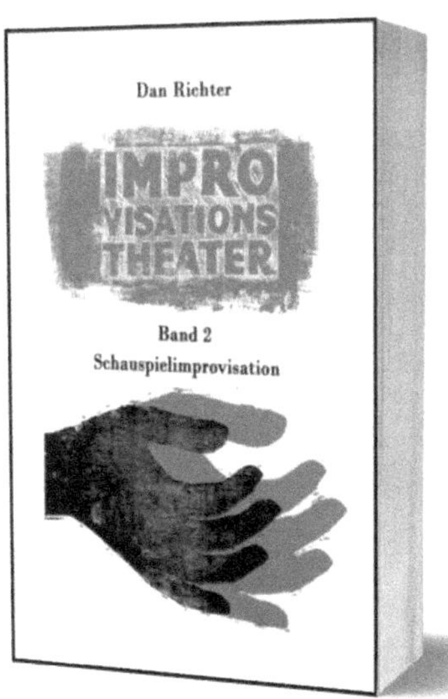

Der zweite Band der Reihe Improvisationstheater befasst sich mit dem spontanen Schauspielen. Wie improvisieren wir glaubwürdige Charaktere jenseits von Klischees? Wie nutzen wir Status und Emotionalität für eine kraftvolle Dynamik unserer Figuren? Mit welchen einfachen Mitteln können wir Pantomime und Bühnenpräsenz für die Zwecke des lebendigen Improvisationstheaters nutzen?
Veröffentlicht März 2022

Improvisationstheater. Band 3: Die Magie der Szene

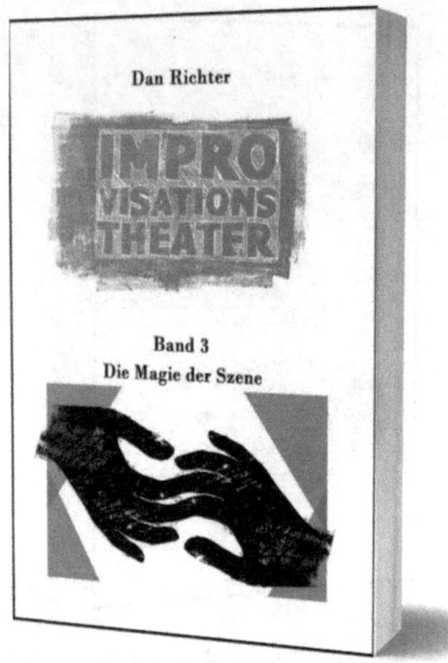

Der dritte Band widmet sich ausführlich der szenischen Improvisation. Wie beginnen wir Szenen? Wie führen wir sie fort? Und wie beenden wir sie? Wie schaffen wir eine stabile Plattform? Und wie improvisieren wir ohne Plattformen? Wie erschaffen wir kraftvolle szenische Konflikte und wie spielt man intime Szenen? Wie unterstützen wir unsere Partner auf der Bühne und aus dem Off? Wie entsteht Komik und wie erschaffen wir berührende Szenen?
Veröffentlicht Juni 2021

Improvisationstheater. Band 4: Finde das Spiel
Im vierten Band geht es um den Kern jeder Szene, jedes künstlerischen Prozesses – das freie Spiel. Wie finden wir das Spiel der Szene, die zugrundeliegende Komik oder Tragik? Welche Muster und Formen können wir im szenischen Spiel erkennen und etablieren? Wie hilft uns das Spiel, Comedy zu erschaffen? Wie helfen uns die klassischen Impro-Spiele und welchen Nutzen haben versteckte Spiele?
(in Planung)

Improvisationstheater. Band 5: Storys improvisieren
Storys halten uns im Theater gefesselt, wenn sie fesselnd auf die Bühne gebracht werden. Was sind die Grundlagen des improvisierten Storytelling? Wie können wir komplexe Storys improvisieren, ohne die Übersicht zu verlieren? Wie baut man Helden auf? Wie lässt man sie wirksam leiden, siegen und verlieren? Braucht die Story überhaupt Helden? Wie spielen wir mit Erwartungshorizonten? Wie können wir Genres und Stile nutzen, um unseren Storys den gewissen Schliff zu geben? Mit welchen Story-Werkzeugen geben wir der Story einen komischen, einen spannenden oder tragischen Dreh?
(in Planung)

Improvisationstheater. Band 6: Freie Formen und Collagen

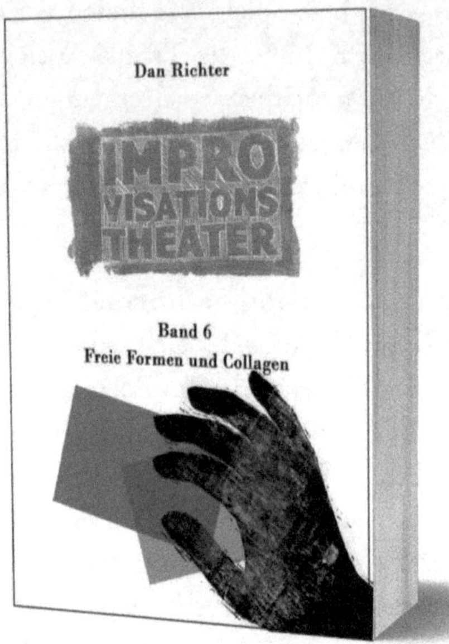

Modernes Improvisationstheater geht über konventionelles Storytelling und kurzformatige Sketche hinaus. Im sechsten Band der Reihe Improvisationstheater wird untersucht, wie sich Improtheater die Methoden und Mittel des modernen Theaters zu eigen machen kann. Wie entsteht die Poesie des Fraktalen? Welche Möglichkeiten eröffnen uns der freie Harold und seine Impro-Geschwister? Wie können Storys modern aufgebrochen werden, um ein neues Theatererlebnis zu erschaffen?
(in Planung)

Improvisationstheater. Band 7: Musikalische Improvisation

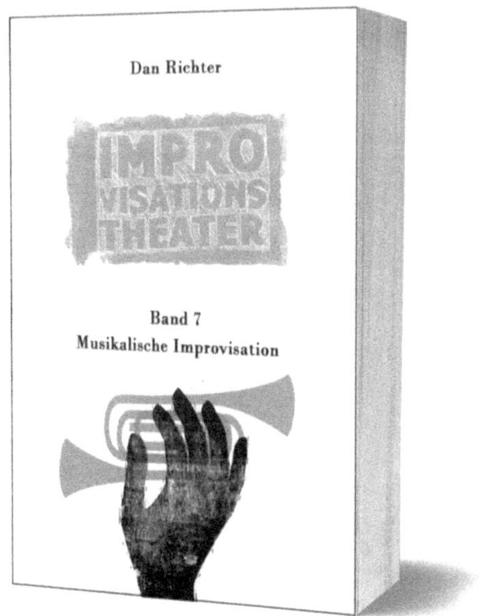

Musikalisches Improtheater wird in diesem Band von zwei Seiten betrachtet – aus der Sicht der Impro-Schauspieler und der der Impro-Musiker. Wie improvisieren wir einfache Songs? Wie entwickeln wir daraus musikalische Formate wie klassische Opern oder Musicals? Wie können Musiker die Szene beeinflussen? Was macht die Musikalität einer Szene aus? Welche Rolle spielt Stille? Und welchen Platz hat der Musiker als Mitspieler im Team?
(in Planung)

Improvisationstheater. Band 8: Gruppen, Geld und Management

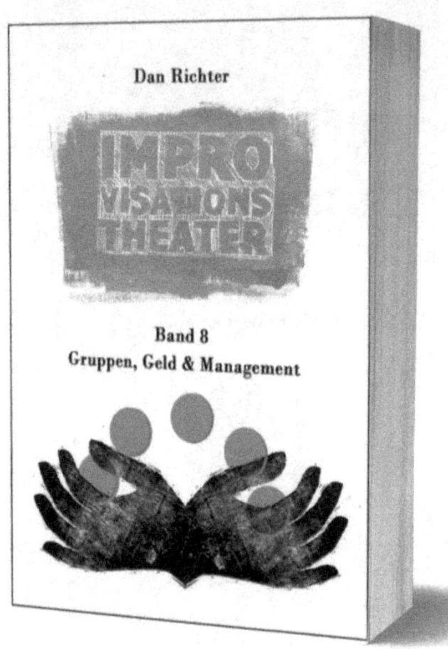

Im achten Band geht es um das Geschehen hinter der Bühne. Wie werden wir als Improtheater erfolgreich? Wie gründet man überhaupt ein Improtheater? Welche Regeln sind bei kleinen und großen Ensembles zu beachten? Kann Basisdemokratie funktionieren oder braucht man eine künstlerische Leitung? Wie organisiert man Trainings und Proben? Und: Kann man davon leben?
Veröffentlicht Februar 2019

Improvisationstheater. Band 9: Impro-Shows

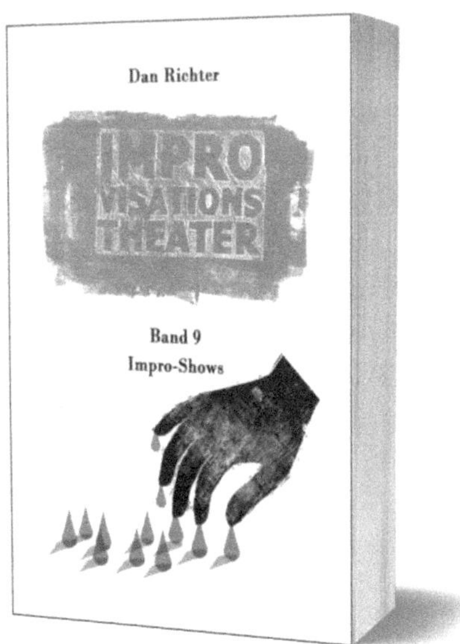

In diesem Band wenden wir uns dem großen Ganzen zu – den Impro-Shows. Wie findet man ein passendes Show-Format für die eigene Gruppe? Wie lässt sich eine Show sinnvoll aufbauen? Wie kommunizieren wir mit dem Publikum und welche Rolle spielen Publikumsvorschläge? Wie sollte man sich als Team im Backstage verhalten? Welche Formen von improvisierten Aufführungen gibt es jenseits der klassischen Impro-Show? Wie führt man Gagenverhandlungen? Und welche Arten von Vorstellungen sind sinnvoll bei gebuchten Auftritten?

Veröffentlicht September 2019

Improvisationstheater. Band 10: Improtheater unterrichten

Improvisation zu unterrichten bedeutet, die Tugenden des Improvisierens ernst zu nehmen: Lasse dich auf die Schüler ein. Erkenne die Dynamik der Gruppe. Höre zu. Lass deine Schüler selbst zu Erkenntnissen gelangen. Improvisiere deinen Unterricht, statt dich auf ein allzu starres Curriculum festzulegen. Der zehnte Band zeigt, wie Übungen und Spiele pädagogisch wirksam werden, wie man Anfänger und wie man Fortgeschrittene unterrichtet. Wie baut man einen mehrtägigen Workshop auf und wie wandelt man ihn auf dem Weg des Unterrichtens ab? Welche theaterpädagogischen Methoden eignen sich für Kinder und Jugendliche? Wie trainiert man Teams in der Geschäftswelt? Und wie lassen sich diese Methoden in Therapie und Pädagogik anwenden?

(in Planung)

Improvisationstheater. Band 11: Impro überall

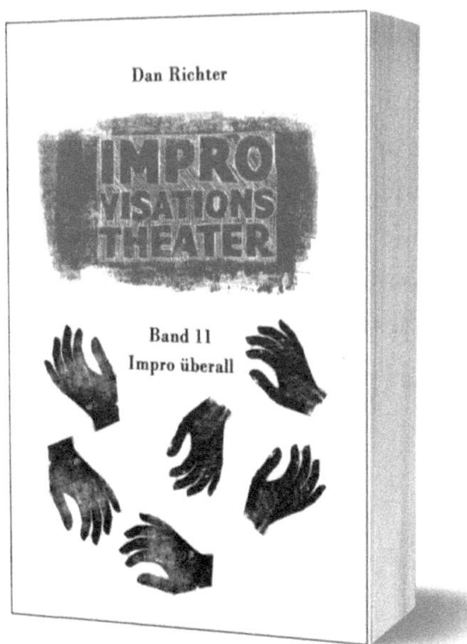

Dieser Band weitet den Blick auf die Impro-Welt. Die beglückende Philosophie des Improtheaters dringt in immer mehr Bereiche – seine Techniken werden in Film und Fernsehen genutzt, im Tanz und in der Musik. Sogar in kunstfremden Systemen wie Politik, Business, Therapie und Pädagogik finden sich die Methoden des Improtheaters wieder. Wir werfen außerdem einen Blick auf die sich immer mehr vergrößernde Impro-Gemeinde – auf prägende Lehrer, Schulen und bedeutende Festivals.
(in Planung)

Improvisationstheater. Band 12: Spiele und Formate für Shows, Proben und Workshops

Der letzte Band der Reihe Improvisationstheater enthält eine umfassende Liste von Spielen, Übungen, Langformen und Show-Formaten. Hier finden sich Spiele für jeden Zweck: Für Theater-Workshops, für Shows und für Gruppen-Warm-Ups. Die Spiele sind nach Kategorien unterteilt: Körperliche, verbale, erzählerische, szenische Spiele. Der Band enthält außerdem musikalische Formate und anspruchsvolle Langformen. Außerdem werden einige Kniffe zum Knacken von Genres und Stile beschrieben.

(in Planung)

DANK

Jill Bernard verdanke ich den Hinweis zur Komik von Jugendlichen und Möbeln.

Danke an Laura Kötter für die Cover-Gestaltung.

Vielen Dank an Inge Richter für die Hilfe bei den Korrekturen.

Ich danke meinem 2015 verstorbenen Gesangslehrer Erich Siebenschuh, der mich den Zugang zu Stimme und das Spiel mit Emotionen lehrte.

Nina Wehnert danke ich für viele Hinweise zum Thema Impuls-Steuerung und für viele Stunden Tanz-Improvisation.

Danke allen Impro-Spielern, die täglich weltweit in ihren Shows die Kunst des freudigen und eleganten Schauspiels vorantreiben.

Ich danke all jenen Spielern, die mich durch ihre exzellenten Darstellungen inspiriert haben, insbesondere Leon Düvel, Ramona Krönke, Jacob Banigan, Beatrix Brunschko, Tess Degenstein, Thorsten Less, Ilka Puschke, Paul Moragiannis, Konstanze Kromer, TJ Jagodowski & Dave Pasquesi sowie der jungen Italienerin, die noch nie auf einer Bühne gestanden hatte und mit ihrer Drei-Minuten-Improvisation bei unserer Open Impro Stage die Herzen der Zuschauer eroberte und hernach nie wieder gesehen wurde.

Und ich bedanke mich von ganzem Herzen bei meiner Frau und Spielpartnerin Stefanie Winny, die das Manuskript kritisch durchsah und die ich für die vielfältigste Impro-Spielerin der Welt halte.

LITERATURVERZEICHNIS

Hier eine kurze Liste der hier erwähnten Bücher sowie Tipps zur weiterführenden Literatur. Ich beschränke mich hier auf das Thema dieses Buchs: Schauspiel-Improvisation.

Weiterführende Werke

Edward Dwight Easy: „*On Method Acting*"

Einführung in das Method Acting mit vielen Ansätzen, die auch für unsere Zwecke des Improtheaters nützlich sind.

Ottofritz Gaillard: „*Das Deutsche Stanislawski-Buch. Lehrbuch der Schauspielkunst*"

Stanislawskis Gedanken und Ansätze wunderbar komprimiert. (Dieses Buch ist nicht mehr im normalen Buchhandel erhältlich. Dafür aber in einigen Online-Antiquariaten, wie www.booklooker.de

Julius Hey: „*Der kleine Hey*"

Kompakte Zusammenfassung der Stimmarbeit für Schauspieler

Keith Johnstone: „*Improvisation und Theater. Die Kunst, spontan und kreativ zu agieren*"

In diesem Standardwerk des Improtheaters führt Johnstone in das Thema Status ein.

Gunter Lösel: „*Das Archetypenspiel*"

Eine ausführliche Darstellung des Archetypenspiels, einschließlich vieler Übungen und Beispiele.

Mervyn Millar: „*Puppetry. How to do it*"

Großartige Einführung ins Puppenspiel. Mit vielen Übungen zum sofortigen Ausprobieren.

Samy Molcho: „*Körpersprache*"
Großartige Einführung in das Thema Körpersprache des Pantomimen und Trainers Molcho. Mit Foto-Beispielen des Künstlers.

Dan Richter: „*Vierzehn Weisheiten für Impro-Spieler*"
Mein Versuch, die Impro-Grundlagen auf 28 Seiten zu komprimieren.

Patsy Rodenburg: „*The Right to Speak. Working With the Voice*"
Umfassendes Trainings-Buch für die Arbeit mit der Stimme

Miranda Tufnell / Chris Crickmay: „*Body. Space. Image. Notes towards improvisation and performance*"
Arbeit mit Bildern und Vorstellungen zur Vervollkommnung der physischen Darstellung.

Ruth Zaporah: „*Action Theater. The Improvisation Of Presence*"
Übungen zu Körper, Stimme und Sprache in der Improvisation

Hans Jürgen Zwiefka: „*Pantomime, Ausdruck, Bewegung*"
Kurzer, intensiver und gut illustrierter Leitfaden für pantomimische Darstellung

Weitere hier erwähnte Werke:

Peter Blake: „*Rette die Katze*"

Mick Napier: „*Improvise. Scene from the inside out*"

TJ Jagodowski, David Pasquesi, Pam Victor: „*Improvisation at the Speed of Life. The TJ and Dave Book*"

Keith Johnstone: „*Theaterspiele: Spontaneität, Improvisation und Theatersport*"

Viola Spolin: „*Improvisation for the Theater*"

AUSFÜHRLICHES INHALTSVERZEICHNIS

EPILOG

Bewegt euch selber nun im eignen Raum,
und nehmt die große Bühne in Besitz.
Ihr füllt sie aus mit Drama, Trauer, Witz,
Geschichten zwischen Wirklichkeit und Traum.

Seid ihr heut Säufer, Magier oder Zarin,
so findet der Figuren eignen Tanz.
Das kleine Spiel wird große Eleganz,
könnt ihr auch ihren Wesenskern bewahren.

Und leichter wird das Spiel mit größrer Kraft,
der Spaß des Übens – doppelt ausgezahlt,
wenn täglich unsre Fähigkeiten wir erweitern.

Doch flüchtig ist, was man spontan erschafft.
Bedenket auch: Nicht ihr, die Szene strahlt.
Und lasst uns immer wieder heiter scheitern.